Christian Thiel
Streit ist auch keine Lösung

In Liebe, meiner Frau Dorothea gewidmet —
meiner liebsten Streitpartnerin

Christian Thiel

Streit ist auch keine Lösung

Wie Sie in Ihrer Partnerschaft das bekommen,
was Sie wirklich wollen

Bibliografische Information der Deutschen Nationalbibliothek
Die Deutsche Nationalbibliothek verzeichnet diese Publikation in der Deutschen
Nationalbibliografie; detaillierte bibliografische Daten sind im Internet über
http://dnb.ddb.de abrufbar.

ISBN 978-3-86910-480-5

Dieses Buch gibt es auch als E-Book:
ISBN PDF   978-3-86910-594-9
ISBN EPUB 978-3-86910-593-2

Der Autor: Der erfolgreiche Beziehungscoach und Buchautor Christian Thiel gibt
sein Wissen in Beratungsgesprächen, Workshops und Online-Seminaren weiter.
Für dieses Buch bündelte er seine Erfahrungen als Coach mit den aktuellsten
Forschungsergebnissen.

Originalausgabe

© 2011 humboldt
Eine Marke der Schlüterschen Verlagsgesellschaft mbH & Co. KG,
Hans-Böckler-Allee 7, 30173 Hannover
www.schluetersche.de
www.humboldt.de

Lektorat: no:vum, Susanne Noll, Leinfelden-Echterdingen
Covergestaltung: DSP Zeitgeist GmbH, Ettlingen
Innengestaltung: akuSatz Andrea Kunkel, Stuttgart
Illustrationen: Werner Pollak, Hannover
Satz: PER Medien+Marketing GmbH, Braunschweig
Druck: Grafisches Centrum Cuno GmbH & Co. KG, Calbe

Hergestellt in Deutschland.
Gedruckt auf Papier aus nachhaltiger Forstwirtschaft.

Inhalt

Einleitung 12

Mythen der Liebe 13

   Mythos Nr. 1 13

   Mythos Nr. 2 13

   Mythos Nr. 3 13

   Mythos Nr. 4 14

   Mythos Nr. 5 15

   Mythos Nr. 6 15

   Mythos Nr. 7 16

Was dieses Buch will 20

Teil I

Was ist ein Streit? 25

Biologie des Streits 26

   Körperliche Reaktionen 26

   Überleben, nicht Denken zählt 27

Kosten eines Streits 28

Verlust der Gefühle 30

Warum spitzt sich ein Streit so schnell zu? 33

Psychologische Gründe 33

   Gedanken bewerten eine Situation 35

   Externale und internale Ursachenzuschreibungen . . 39

   Negative Bewertungen 41

Streitbegünstigende Umstände 41

Soziologische Erklärungen 44

  Moderne Lebensform 44

  Modernes Liebeskonzept 46

Wie beendet man einen Streit? 49

Streit schnellstmöglich beenden 49

Der Trick mit dem Wasserglas 50

Die Top Five zur Beruhigung 52

  1. Durchatmen 53

  2. Bewegung 53

  3. Für gute Stimmung sorgen 53

  4. Negative Gedanken bewusst machen 53

  5. Negative Gedanken stoppen 54

Mit Freunden sprechen? 54

Ist faires Streiten möglich? 57

Bei Wut hilft faires Streiten nicht 57

Männer streiten anders 58

Wie versöhnt man sich am besten wieder? 63

Das klärende Gespräch 63

  Warum ein klärendes Gespräch oft nicht hilft 65

  Konflikte ruhen lassen 67

Sich entschuldigen 67

  Entschuldigen – aber ehrlich 69

  Sich für die Folgen entschuldigen 70

Zur Tagesordnung übergehen 72

Die Physiologie der Versöhnung 74

  Positive Zuwendung als Stresskiller 75

  Oxytocin für Gespräche 76

Sex oder reden – was hilft besser? 77
 Reden hilft 77
 Sex hilft 78
 Die beste Lösung: der Mittelweg 78

**Ist Streit grundsätzlich schädlich
für eine Partnerschaft?** 81
Das Beziehungskonto 82
 Das Positive stärken 84
 Gleichen sie Ihr Konto aus! 86

Teil II

Ist es möglich, den Partner zu ändern? 89
Phasen einer Liebe 89
 Verliebtsein 89
 Der andere ist anders 91
Dein ist mein ganzes Herz! 92
 Wenn der erste Streit auch schon der letzte ist 93
 Zu nett sein 95
Aus Vorwürfen Wünsche machen 96
 Übung: Den Partner verändern 98
 Veränderungen brauchen Zeit 99
Partner ändern sich immer 100

**Was kann ich tun, wenn ich im Recht bin
und mein Partner das nicht einsieht?** 103
Einfach: Wer ist im Recht? 103

Komplizierter: Wer hat welche Bedürfnisse?   104
   Die eigene Sicht und die des Partners   106
   Überzogenes Beziehungskonto   107
Resultat: Machtkämpfe   107
   Was ist ein Machtkampf?   108
   Ein Machtkampf kann die Beziehung zerstören   110
   Einen Machtkampf so schnell wie möglich beenden   111
Streit vertagen   112

**Gibt es ein Geheimrezept,
den Partner zu Änderungen zu bewegen?**   115
Höflichkeit   115
   Rückfälle sind normal   117
Beharrlichkeit   118
Wie erreiche ich, dass er sich mehr an der Hausarbeit
beteiligt?   123

**Wie kann ich Probleme ansprechen,
ohne dass daraus ein Streit wird?**   127
Höflich und beharrlich bleiben   127
Einen sanften Einstieg wählen   130
   Tipp Nr. 1:
   Sich auf das Gespräch strategisch vorbereiten   133
   Tipp Nr. 2: Sich der eigenen Wut stellen   135
   Tipp Nr. 3: Schnell auf Unmut reagieren   136
   Tipp Nr. 4: Vorwürfe vermeiden   137
   Tipp Nr. 5:
   Herausfinden, wie der Partner den Konflikt sieht . .   138
   Tipp Nr. 6: Den Partner um Hilfe bitten   139
   Tipp Nr. 7: Eine Entscheidung treffen   141

Wie kommt man am besten zu Lösungen? 147
Beispiel Ines und Markus 147
   1. Vorschlag: In den Arm nehmen 148
   2. Vorschlag: Eine Ausnahme vereinbaren 148
   3. Vorschlag: Ein kurzes Gespräch 149
   4. Vorschlag: Eine Freundin anrufen 149
Entscheiden statt reden 149
Vier wichtige Gedanken 151
   1. Verständnis signalisieren 151
   2. Tempo reduzieren 151
   3. Zuhören 152
   4. An den nächsten Schritt denken 152
Welche Lösung ist die richtige? 153

**Müssen Geben und Nehmen in einer
Partnerschaft im Gleichgewicht sein?** 155
Auf das Partnerschaftskonto einzahlen 156
Bedürfnisse tauschen 157
   Die eigene Wunschliste 157
   Die Wunschliste des Partners 158
   So tauschen Sie Bedürfnisse 159
Die wichtigen oder die unwichtigen Punkte zuerst
angehen? 160

Gibt es für jedes Problem auch eine Lösung? 163
Lösbare und unlösbare Probleme 163
Unlösbare Probleme entschärfen 165
Ewige Probleme erkennen 166
   Schallplattenstreit – immer die gleichen
   Argumente 168

Mit ewigen Problemen umgehen   170
    Drei Lösungsphasen für ewige Probleme   170
    Humor ist, wenn man trotzdem lacht   171

Teil III

Was sind die wahren Gründe für einen Streit? . .   175
Streit ist oft nur ein Symptom   175
    Wahre Hintergründe für den Streit
    über den Samstagsplan   177
Streitgrund Nr. 1: Zu wenig Zeit für ein Gespräch   178
    Intensive Gespräche verbinden   179
    Geeignete Gesprächsthemen   181
    Was können Sie tun?   183
    Was tun, wenn der Partner den Sinn eines täglichen
    Gespräches nicht einsieht?   185
Streitgrund Nr. 2: Zu viel Kritik   187
    Destruktives Gesprächsverhalten   187
    Was können Sie tun?   189
    Was tun, wenn der Partner zu Kritik neigt?   191
Streitgrund Nr. 3: Zu viel Stress   194
    Schwierige Lebenssituationen   194
    Was können Sie tun?   198
    Eine Teambesprechung verabreden   200
    Gelungene Problemlösungen stärken die Beziehung   202
Streitgrund Nr. 4:
Unzufriedenheit mit dem eigenen Leben   204
    Unerkannte Unzufriedenheiten   204
    Unzufriedenheiten erkennen   206

Übung: Die gute Fee 207

Übung: Wieder Single – und was nun? 208

Streitgrund Nr. 5: Der andere ist anders 210

Unser Charakter bestimmt unser Leben 212

Mit charakterlichen Gegensätzen umgehen 213

Zu sechst im Bett 214

Was können Sie tun? 219

Auf alle Charakterzüge mit Verständnis reagieren? . . 221

Streitgrund Nr. 6: Konzentration auf Probleme 223

Das Positive stärken 226

Die Kraft der Dankbarkeit 227

Übung: Kritik und Dankbarkeit 229

Dankbarkeit äußern 230

**Welche Streitgründe gibt es in Ihrer
Partnerschaft?** 233

Die Zwölf-Wochen-Kur 233

Erste und zweite Woche 234

Dritte und vierte Woche 234

Fünfte und sechste Woche 235

Siebte und achte Woche 235

Neunte und zehnte Woche 236

Elfte und zwölfte Woche 236

Bilanz ziehen 236

Nachwort 238

Register 242

Einleitung

Sie wollen keinen Streit in Ihrer Beziehung. Auch Ihr Partner ist eher harmoniebedürftig. Und doch ist es neulich passiert. Sie kamen nach Hause, nach einem langen und anstrengenden Tag. Eine Jacke und ein Schal lagen herum. Das störte Sie. Sie sagten ein paar Worte, Ihr Partner auch, und ehe Sie wussten, wie Ihnen geschah, waren Sie in einen unschönen Streit verwickelt, in dessen Verlauf so unangenehme Worte fielen wie „immer muss ich", „du musst gerade reden" und „mach doch deinen blöden Abwasch alleine". In gehobener Lautstärke, versteht sich. Am Ende waren auch die Nachbarn über alle Details Ihrer Zwistigkeiten informiert. Die Versöhnung – später dann, als sich Ihre Gemüter beruhigt hatten – war reumütig. Und dann hofften Sie beide, dass das so schnell nicht wieder passieren möge. Bis zur nächsten Auseinandersetzung.

Wir alle mögen ihn nicht und doch bleibt niemand davon verschont: ein Streit. Bei manchen Paaren ist er nur selten zu Gast. Bei anderen dagegen geht er regelmäßig ein und aus. Ungebeten klopft er immer wieder an die Tür, tritt – so hat es zumindest den Anschein – unaufgefordert ein und verschwindet anschließend genauso überraschend, wie er gekommen ist.

Keine Frage, Streit ist kein gern gesehener, sondern ein unberechenbarer und die Nerven belastender Gast. Viele Paare würden ihn gerne aussperren, verbannen aus ihrer Partnerschaft. Doch wie?

Mythen der Liebe

Mythos Nr. 1

Streitpunkte müssen nun einmal geklärt werden, damit es einem Paar wieder gut miteinander geht. Stimmt das? Nein. Genau umgekehrt wird ein Schuh daraus: Wenn es einem Paar wieder gut miteinander geht, dann können Streitpunkte besser gelöst werden.

Mythos Nr. 2

Für jeden Streit gibt es auch eine Lösung – ein Paar muss nur lange genug miteinander über die Dinge reden. Stimmt es, dass es für jeden Streit eine Lösung gibt, wenn man nur lange genug darüber spricht? Nein. Auch diese Überzeugung ist falsch. Für manche Probleme in einer Partnerschaft gibt es keine Lösung – und schon gar keine schnelle. Zum Beispiel weil die Konflikte aus dem Charakter der Beteiligten entspringen. Und die Fixierung auf die Schwierigkeiten tut ein Übriges, um zu verhindern, dass ein Paar sich wieder näherkommt. An Stellen, wo es jetzt gerade möglich ist, bei dem Verbindenden. Bei den Dingen, bei denen sie sich nahe sind.

Für manche Probleme in einer Partnerschaft gibt es keine Lösung.

Mythos Nr. 3

Vielleicht hilft Streiten uns ja auch weiter, sagen andere Paare. Der Streit sei ein reinigendes Gewitter, hoffen sie. Glauben Sie mir: Wenn die internationale Forschung und die Erfahrung von Praktikern ergäben hätten, dass Streiten ein guter Weg zu einer glücklichen und langjährigen Partnerschaft wäre – ich würde es Ihnen ohne jede Bedenken empfehlen. Aber das Gegenteil ist der Fall. Die Forschung belegt, dass Streiten nicht hilft. Es führt nicht dazu, dass Sie eine Lösung für Ihre Probleme finden. Es verbessert die Stimmung in der Beziehung nicht. Und es führt auch nicht dazu, dass Sie in Ihrer Partnerschaft bekommen, was Sie wollen. Die meisten Streite sind schon deshalb schädlich für eine Beziehung, weil sie Zeit und Energie kosten, die beide Partner für etwas ganz anderes brauchen. Für Lösungen zum Beispiel.

Mythos Nr. 4

Sich zu streiten gehört wahrscheinlich zu einer Partnerschaft dazu, sagen viele Paare nach einigen bewegten Jahren resignierend. Auch die Freunde stimmen dem zu, wenn sie denn überhaupt von den Schwierigkeiten erfahren. Sich zu streiten ist ja so peinlich!

||| Gehört Streit zur Liebe?

Stimmt es, dass der Streit zur Liebe dazugehört wie Eier zum Osterfest und Feuerwerk zu Silvester? Nein. Wo Streit ist, da ist – jetzt gerade – keine Liebe. Das ist es, was ihn so gefährlich macht. Und das ist es, was verhindert, dass Sie das bekommen, was Sie wollen. Denn ein Partner, der sich ungeliebt fühlt, ist zum Kompromiss nicht bereit.

Mythos Nr. 5

Streiten? Nein – wir streiten uns nie, sagen andere Paare – und glauben, dass das alleine den Zusammenhalt einer Partnerschaft garantiert. Am Ende aber sind sie doch getrennt. Wie kann das sein? Wo sie doch Streit und Auseinandersetzungen aller Art gemieden haben wie der Teufel das Weihwasser! Nie haben sie etwas gesagt, auch wenn es sie noch so sehr störte. Immer haben sie geschwiegen, selbst wenn es als Geschenk schon wieder das ungeliebte Parfüm gab oder eine weitere gestreifte Krawatte. Streit nur einfach mit aller Kraft zu vermeiden – das alleine ist also auch nicht die Lösung. Sich in einer Partnerschaft nicht auseinanderzusetzen, das ist noch gefährlicher als ab und zu den unangemeldeten Besuch des Streits vor der Tür stehen zu haben.

Mythos Nr. 6

Früher war alles besser. Die Liebe ist heute aber auch schwierig geworden, sagen manche Paare und vermuten, dass wir uns heute öfter streiten als unsere Eltern und Großeltern. War früher wirklich alles besser? Sind Partnerschaften heute komplizierter als ehedem? Streiten wir heutzutage häufiger als frühere Generationen? Nein, früher war es nicht besser. Im Gegenteil! Auch wenn es Sie erstaunen mag, alles deutet darauf hin, dass wir heute deutlich zufriedener mit unseren Beziehungen sind als vergangene Generationen. Der Grund: Die Machtverteilung zwischen Männern und Frauen ist heute weit ausgeglichener als früher. Auch früher waren nur Beziehungen gut, in denen sich beide Partner auf Augenhöhe begegneten. War das nicht der Fall, etwa weil der Mann für sich eine herausgehobene Position beanspruchte, so rächte sich seine unterlegene Ehefrau in der einen oder anderen Weise.

In die Vergangenheit lässt sich ja schwer schauen. Doch betrachtet man heutige Partnerschaften weltweit, so ergibt sich ein eindeutiger Befund: Die Zufriedenheit mit der Partnerschaft, insbesondere mit der Sexualität, steht in einem engen Zusammenhang mit einer gleichberechtigten Beziehung von Männern und Frauen. Je gleichberechtigter, desto besser. So ist die Gleichberechtigung der Frau also ein wahres Geschenk für Partnerschaften.

Je gleichberechtigter, desto besser.

Mythos Nr. 7

Ist Streiten nicht sogar gesund? Nein, sich zu streiten ist sogar ausgesprochen ungesund. Es führt kurzfristig zu Schlafmangel, zu Tränensäcken unter den Augen, einer gramgebeugten Körperhaltung und einer sorgenvollen Miene. Alles zweifellos nicht gesund, aber doch einigermaßen harmlos. Langfristig sind die gesundheitlichen Folgen allerdings erheblich gravierender. Wer sich oft und gerne streitet, wird häufiger krank, denn Streit schwächt das Immunsystem.

Warum das so ist, ist leicht zu erklären. Bei heftigen Auseinandersetzungen ist der Körper ausschließlich darauf aus, seine Kräfte für einen Kampf zu mobilisieren. Die Ausschüttung von Hormonen wie Adrenalin und Cortisol ermöglicht es ihm, sich auf das im Augenblick wichtigste Ziel zu konzentrieren. Andere biochemische Prozesse müssen dagegen zurückstehen. Und dazu gehören auch wichtige Abwehrmechanismen des Körpers. Deshalb ist die Immunabwehr bei Paaren, die häufig streiten, geschwächt. Das macht sie anfälliger für Krankheiten.

Zufriedene Paare dagegen haben mehr weiße Blutkörperchen, die vor gesundheitlichen Gefahren schützen. Körpereigene Killerzellen, die Krankheitserregern entgegentreten, arbeiten bei glücklichen Paaren effektiver.

Nun könnten Sie vermuten, dass es sich bei den durch Streit drohenden Gesundheitsgefahren um Dinge wie einen harmlosen Schnupfen oder eine simple Magenverstimmung handelt und mehr nicht. Doch das ist nicht der Fall. Das menschliche Immunsystem hält auch schwierigere Krankheitsauslöser bis hin zu Krebszellen in Schach.

Außerdem kann Beziehungsknatsch auf Dauer sogar das Herz schädigen, wie Wissenschaftler feststellten. Das liegt vermutlich an einer der Folgen von dauerhaftem Beziehungsstreit, dem hohen Blutdruck.

Schwedische Forscher untersuchten beispielsweise Frauen, die einen Herzinfarkt erlitten hatten. Dabei stellten

Wer sich oft und gerne streitet, wird häufiger krank.

sie fest, dass Ehestress das Risiko verdreifacht, in den folgenden fünf Jahren neue Herzprobleme zu bekommen.

Aus all diesen Gründen hat das Leben in einer von Streit geprägten Beziehung auf Dauer gravierende Auswirkungen, auch auf die Lebenserwartung von Menschen. Eine unglückliche Ehe erhöht die Gefahr zu erkranken, um ungefähr 35 Prozent und verkürzt das Leben um etwa vier Jahre.

Das alles sind Argumente gegen den Streit und gegen das Leben in einer von Streit geprägten Beziehung. Und doch glauben viele Menschen, es habe eine reinigende Wirkung, wenn es in ihrer Beziehung hin und wieder zu einem heftigen Gewitter kommt. Und dieser Glaube hat, so unwahrscheinlich es klingt, unter anderem mit dem Dampfkochtopf zu tun.

||| Der Dampfkochtopf

Wer vom Streiten reden will und davon, warum es angeblich gesund sein soll, der darf vom Dampfkochtopf nicht schweigen. Der Dampfkochtopf ist keine ganz neue Erfindung. Es gab ihn schon im 18. Jahrhundert. Die ersten Modelle explodierten allerdings gelegentlich wegen eines zu hohen Dampfdrucks, da sie noch kein Überdruckventil hatten.

So richtig populär wurde der Dampfkochtopf dann – mit einem Überdruckventil versehen – erst in den 70er-Jahren des 20. Jahrhunderts. Die Menschen hatten Geld, sich so ein teures Küchenutensil zu kaufen, und die Anwendung war jetzt komfortabel und sicher. Doch die 70er-Jahre waren auch eine Zeit grundlegender Veränderungen. Frauen forderten die Gleichberechtigung, das neue Scheidungsgesetz wurde erlassen und machte Scheidungen leichter. Das Zusammenbleiben als Paar war jetzt keine Selbstverständlichkeit mehr. Beziehungsexperten traten auf den Plan, um zu erklären, wie eine gute Ehe zu führen sei. Dafür griffen sie auf die Probleme mit den ersten Dampfkochtöpfen zurück. Sie empfahlen das

▶

Streiten als einen wichtigen Beitrag zur partnerschaftlichen Gefühlshygiene. Ihr Argument: Wie in einem Dampfkochtopf entstehe in der Beziehung Unmut, der regelmäßig abgelassen werden müsse – natürlich beim Partner –, sonst drohe eine Explosion. Lassen Sie Ihre Gefühle heraus – so die Devise dieser Experten.

Nicht nur der Dampfkochtopf hat seit dieser Zeit an Beliebtheit verloren, auch die Theorie des Dampfablassens beim Partner als eines guten Weges zu einer stabilen Partnerschaft ist seither mächtig unter die Räder gekommen. Der Grund: Sie hat sich nicht bewährt. In wissenschaftlichen Untersuchungen hat sich gar das Gegenteil als günstig erwiesen. Glaubt man Wissenschaftlern wie dem amerikanischen Paartherapeuten und Beziehungsforscher John Gottman oder dem Bochumer Psychologieprofessor Hans-Werner Bierhoff, dann ist es für eine Beziehung sogar ausgesprochen förderlich, wenn wir nicht regelmäßig beim Partner oder bei der Partnerin Dampf ablassen. Wir selbst wollen ja auch nicht vom Partner mit Unmut überhäuft werden.

Lassen Sie Ihre Gefühle heraus! Mit dieser Devise gehen auch heute noch viele Paare an partnerschaftliche Konflikte heran. Sie haben immer noch das Bild von einem Dampfkochtopf vor Augen, der ungedingt Druck ablassen muss. Seltsam, warum folgen Menschen gerade in der Partnerschaft so gerne der Devise „Lassen Sie Ihre Gefühle heraus!", während sie sich in Freundschaften und auch gegenüber Kolleginnen und Kollegen und bei Chefs ganz anders verhalten?

Was dieses Buch will

Seit vielen Jahren berate ich Singles, die nach einer Trennung den Weg zu einer neuen Liebe suchen. Und ich berate Menschen, die in einer Partnerschaft leben und nach Wegen suchen, ihre Schwierigkeiten miteinander zu überwinden. Die Liebe ist meiner Ansicht nach eine Erfahrungswissenschaft. Ich will Sie deshalb in diesem Buch teilhaben lassen an den Erfahrungen, die ich – und andere Experten – mit der Liebe machen. Was wirkt? Und was wirkt nicht? Welche Wege führen Sie immer weiter hinein in partnerschaftliche Konflikte? Und welche führen Sie hinaus?

Es ist schon seltsam mit dem Thema „Streit ist auch keine Lösung". Wenn ich mit Paaren spreche, dann erzählen die allermeisten, wie sehr sie unter dem Streiten leiden. Ein Leben ohne Streit in der Beziehung wäre ihnen viel lieber. Und sie fragen sich: Wie kann uns das gelingen? Wenn ich aber von meinem Vorhaben erzähle, ein Buch darüber zu schreiben, wie es möglich ist, sich nicht zu streiten und dauerhaft ein glückliches Paar zu sein, dann sind die Reaktionen ganz anders. Ob Experten oder Freunde und Bekannte – sie alle sagen das Gleiche: „Nein, das geht doch nicht. Ohne Streit ist eine Beziehung nicht möglich."

Die meisten Paare wünschen sich eine Beziehung ohne Streit.

||| Der Fuchs und die Trauben

Mich erinnern diese Reaktionen an die Geschichte des antiken griechischen Fabeldichters Äsop vom Fuchs und den Trauben. Der Fuchs schlich an einen Weinstock heran, den Blick sehnsüchtig auf die dicken, blauen, überreifen Trauben gerichtet. Er reckte sich, so sehr er konnte, aber er kam nicht an sie heran. Dann versuchte er es auf einem anderen Wege. Er sprang so hoch, wie er nur konnte. Aber auch diesmal verfehlte er die ersehnten Köstlichkeiten. Der sonst so listige Fuchs kam an die Trauben einfach nicht heran. Sie hingen zu hoch. Zugeben wollte er seine Niederlage aber nicht und so stellte er am Ende missmutig fest: „Die Trauben sind zu sauer."

Wer eine Beziehung ohne Streit will, der muss bereit sein, sich – bildlich gesprochen – auf die Hinterbeine zu stellen und sich für sein Ziel anzustrengen. Aufgeben gilt nicht!

In diesem Buch werden Sie erfahren, wie es möglich ist, Beziehungsstreit zu vermeiden. Sie werden erfahren, wie es zum Streit kommt und welche Ursachen ihn befeuern. Ich will Ihnen zeigen, warum Streiten uns nicht hilft, in einer Partnerschaft glücklich und zufrieden zu werden, welche kurzfristigen Alternativen es zum Streiten gibt und welche langfristigen Lösungen, damit wir ohne Streit miteinander leben können. Und ich will Ihnen zeigen, wie Sie Ihre Ziele, Ihre Wünsche und Ihre Bedürfnisse in der Partnerschaft ohne kräftezehrende Auseinandersetzungen erreichen können.

In diesem Buch werden Sie erfahren, wie Sie es schaffen können, sich nicht zu streiten und gleichzeitig Ihrem Partner nicht auszuweichen. Denn eines steht fest: Dem anderen zuliebe mal eben auf die eigenen Bedürfnisse, Sehnsüchte und Wünsche zu verzichten, ist eine noch schlechtere Strategie als sich zu streiten. In der Beratung erlebe ich es leider allzu oft, dass Beziehungen scheitern, weil einer oder beide um der Harmonie willen auf seine Wünsche verzichtet hat.

Dieses Buch ist in drei Teile gegliedert. Im ersten Teil erfahren Sie vor allem, was ein Streit ist, wie er verläuft und wie Sie gegensteuern können. Im zweiten Teil erfahren Sie, welche Haltungen einen Streit gefährlich machen. Und im dritten Teil schließlich wollen wir uns die wahren Ursachen für Beziehungsstreit

Wissen über Streit kann Streiten verhindern.

ansehen. Was sind die Gründe, die zum Streit führen? Wissen ist – auch in der Partnerschaft – eine ungeheure Macht. Wenn wir wissen, wie ein Streit entsteht, wenn wir die tieferen Ursachen kennen, die zu ihm führen, wenn wir Alternativen zum Streiten kennen, dann haben wir gute Chancen, in einer Beziehung ohne Beziehungsstreit zu leben – und das zu bekommen, was wir wirklich wollen.

Sich nicht zu streiten ist für mich allerdings auch kein Gebot. Es ist ein Ziel, mehr nicht. Ein Ziel allerdings, das nach meiner Überzeugung Anstrengung und Bemühung lohnt. Doch auch wenn Sie sich gemeinsam mit mir auf den Weg machen: Natürlich dürfen Sie sich weiterhin ab und zu streiten. Der Weg ist das Ziel. Und vielleicht finden auch Sie Gefallen daran, ohne schlaflose Nächte und ein reumütiges „Entschuldige bitte!" von Ihnen oder Ihrem Partner genau das zu bekommen, was Sie wollen: Eine befriedigende Beziehung.

Was ist ein Streit?

Ines ist im Wohnzimmer, Markus in der Küche. Die Stimmung war nicht gut, als Ines nach Hause kam, das hat Markus sofort gespürt. „Was hat der blöde Teller hier zu suchen?", schimpft sie. Stille. Markus setzt zu einer Entgegnung an. „Ach, Fräulein Ordnungssinn hat mal wieder schlechte Laune", ruft er ihr aus der Küche zu, mit einer Stimme, die vor Ironie nur so trieft. Stille. Ines schnappt nach Luft. „Du denkst ja wohl, ich bin dein Hausmädchen", brüllt sie ihn an. „Kannst du eigentlich noch normal mit mir reden?", schreit Markus zurück.

Ines zieht ihren Mantel an und greift nach dem Schlüsselbund. „Ich gehe zu Renate", zischt sie und knallt die Tür hinter sich zu. „Bleib doch, wo der Pfeffer wächst", ruft Markus ihr nach. Er ist so wütend, dass er nach dem Teller greift und ihn an die Wand wirft. Dort zerspringt er in tausend Stücke.

Wie sich ein Streit anhört, das wissen wir alle. Doch was ist das eigentlich, so ein handfester Streit? Mit gehobener Lautstärke, Beschimpfungen, knallenden Türen und – wenn es ganz arg kommt – mit zersplitterten Tellern? Ist es ein Fall von geistiger Umnachtung? Oder von schlechter Kinderstube? Wohl kaum. Wie aber kann es sein, dass ein Paar, das sich liebt, urplötzlich in einen Orkan von Verwünschungen und schlechten Gefühlen gerät? Mir scheint das erklärungsbedürftig – und den meisten Paaren, denen das widerfährt, geht es ebenso. Sie wüssten gerne, warum sie immer wieder einmal in so eine – unangenehme – Situation geraten.

Viele Paare nehmen an, ein Streit sei vor allem ein psychischer Vorgang. Ein Vorgang, bei dem sich irgendetwas in der Psyche blitzschnell verändert. „Ich habe ihn kaum wiedererkannt", sagen Menschen dann ganz erstaunt. Oder: „Ich habe mich kaum wiedererkannt." Doch beim Streit ändert sich die menschliche Psyche weniger, als wir denken. Denn es ist vor allem die menschliche Biologie, die hier ihre Hand im Spiel hat. Wer sie nicht versteht, kann auch den Streit nicht verstehen.

Unsere Biologie hat beim Streit ihre Hand im Spiel.

Biologie des Streits

Körperliche Reaktionen

Was wir am deutlichsten spüren, ist, dass sich unser Herzschlag abrupt erhöht. „Mir schlug das Herz bis zum Hals", sagen wir manchmal und so ist es tatsächlich auch. Den hohen Puls spüren wir an der Halsschlagader besonders gut. Der Puls schnellt hoch auf 90, auf 100, auf 120. Außerdem spannen sich die Muskeln an. Unser Körper reagiert so, wie zu Urzeiten angesichts einer nahenden Bedrohung durch einen großen Feind, einen Tiger zum Beispiel. In dieser Situation stellte sich für den Körper nur noch eine Frage: Kampf oder Flucht.

Die Arbeit, den Körper auf einen Kampf oder ein schnelles Davonlaufen vorzubereiten, wird von Hormonen erledigt. Für die Kampf-oder-Flucht-Reaktion des Menschen sind zahlreiche Botenstoffe zuständig. Sie heißen Adrenalin, Noradrenalin, Dopamin und Cortisol.

Die Aufgabe dieser Hormone ist es, die optimale Energieversorgung für die Reaktion auf die Bedrohung zu gewährleisten. Ihrem Funktionieren verdanken wir Menschen es, dass wir immer noch auf diesem Planeten leben – und nicht vom Tiger verspeist wurden.

Besondere Bedeutung hierfür kommt dem Adrenalin zu. Adrenalin sorgt dafür, dass sich die Herzfrequenz erhöht und der Blutdruck steigt. Es erweitert darüber hinaus die Bronchien, um die Versorgung des Körpers mit Sauerstoff zu erhöhen, und nimmt Einfluss auf die Energieversorgung. Der Körper braucht jetzt alle Kraft, über die er verfügen kann. Außerdem hemmt Adrenalin die Magen-Darm-Tätigkeit. Verdauen ist später, jetzt zählt das Überleben. Die vorhandene Energie wird für die Bewältigung der anstehenden Bedrohung benötigt.

Überleben, nicht Denken zählt

Aber was denken wir eigentlich, während all diese körperlichen Veränderungen ablaufen? Was denkt Markus, während sein Puls auf 110 hochschnellt? Was denkt Ines, während ihr Blutdruck sich stark erhöht? Die Antwort ist auf den ersten Blick erstaunlich: Beide denken nicht allzu viel. Beide fühlen sich angegriffen und reagieren entsprechend. Sie reagieren schnell und intuitiv. Aber sie denken nicht nach. Der Körper stellt in einer Bedrohungssituation keine

Energie für so etwas Überflüssiges wie Nachdenken zur Verfügung. Er reduziert ganz im Gegenteil sogar die Aktivitäten des Großhirns, das für komplizierte Gehirnfunktionen wie das Denken zuständig ist, auf ein absolutes Minimum. Stattdessen mobilisiert er alle Kräfte. Für den Kampf. Für die Flucht.

Auch das Gehirn wird also angesichts einer bedrohlichen Lage kurzgehalten. Nachdenken ist später, jetzt zählt das Überleben. Das macht es unmöglich, einen vernünftigen Gedanken zu fassen. Unsere Biologie lässt das nicht zu.

| | | Ein erhöhter Puls verhindert wirkliche Gespräche

Fachleute gehen davon aus, dass schon bei einem erhöhten Puls von etwa 95 Schlägen pro Minute kein Gespräch mehr möglich ist, das diesen Namen auch verdient. Ein hoher Puls signalisiert, dass sich der Betreffende in einer Kampf-oder-Flucht-Situation befindet. In diese Situation geraten Männer öfter – und schneller – als Frauen. Bis heute reagiert das männliche Herz-Kreislauf-System stärker auf äußere Einflüsse. Und es erholt sich anschließend, nach einem Streit, deutlich langsamer von Stress als das weibliche.

Kosten eines Streits

Ein Streit besteht aus Angriffen, verbalen Angriffen in der Regel. „Was hat der blöde Teller hier zu suchen?", sagte Ines zu Markus. Das ist ein verbaler Angriff, also ein Angriff mit Wörtern. „Ach, Fräulein Ordnungssinn hat mal wieder schlechte Laune", antwortete Markus. Er ließ sich ihren Anpfiff nicht gefallen, hat zurückgeschlagen. Im Streit reagieren wir auf einen Angriff mit einer deutlichen Verteidigung. Wir schlagen zurück. Häufig steigern wir den Pegel der Auseinandersetzung sogar noch, indem wir die Stärke des Gegenangriffs erhöhen. Der andere gibt nicht etwa nach. Er verstärkt vielmehr seinerseits den Angriff. Er erhöht zum Beispiel die Lautstärke. Oder die Schwere der verbalen Verletzungen. Und so kann aus einer gerade noch friedlichen Beziehung binnen Minuten ein Kampfplatz werden, bei dem nur noch die Frage interessiert, wer ihn – bildlich gesprochen – leicht und wer ihn schwer verletzt verlässt.

Kampf- oder Flucht-Reaktionen bereiten den Körper aber nicht auf einen verbalen Schlagabtausch vor, sondern auf eine drohende körperliche Auseinandersetzung. Deshalb sind auch körperliche Angriffe im Zusammenhang mit Beziehungsstreiten nicht selten. Das betrifft Männer wie Frauen. Frauen greifen, was wenig bekannt ist, sogar häufiger zu körperlicher Gewalt als Männer. Unbestritten ist allerdings, dass körperliche Übergriffe von Männern in aller Regel gefährlicher sind. Das liegt zum einen an ihrer körperlichen Überlegenheit. Männer sind häufig stärker als ihre Frauen. Zum anderen liegt es aber auch an der größeren Bereitschaft vieler Männer, ihr Gegenüber bei Auseinandersetzungen tatsächlich zu verletzen.

Verlust der Gefühle

Ein Streit ist aber nicht nur ein körperlicher, von Hormonen gesteuerter Vorgang. Er spielt sich auch auf der Gefühlsebene ab. Hier sind die Kosten des Streits außerordentlich groß. Wer da verliert, ist bei Ines und Markus gut zu sehen: Beide Partner verlieren. Sie verlieren – für eine Weile – ihre Liebe zueinander. Wo Streit ist, da ist keine Liebe. Das schmerzt und verunsichert zusätzlich. Kein Wunder, dass Ines das Weite gesucht und Markus vor lauter Wut über Ines den Teller an die Wand geworfen hat.

Beide Partner verlieren. Sie verlieren die Chance, den anderen zu einer einvernehmlichen Lösung zu bewegen. Wer streitet, will ja keine Abstriche von seinen Vorstellungen machen. Beide verlieren langfristig ein Stück von ihrer Liebe. Wer dauerhaft streitet und keine Lösung findet, der erlebt, dass seine Liebe Stück für Stück schwindet. Von Tag zu Tag und von Streit zu Streit.

Mit jedem Streit schwindet die Liebe.

Sicher, es sind nur kleine Stücke der wechselseitigen Zuneigung, die da verloren gehen. Aber sie gehen verloren. Und auch das hat seinerseits wieder Folgen. Denn ihr Verlust stimmt beide Partner nicht optimistisch in Bezug auf die Zukunft der gemeinsamen Beziehung. Unsicherheit macht sich breit und vergiftet die Atmosphäre zusätzlich. So fügt das Streiten der Liebe möglicherweise auch langfristig enorme Schäden zu. Möglicherweise, habe ich gesagt. Das kann also so sein. Muss es aber nicht. Unter welchen

Bedingungen es gelingt, die Auswirkungen häufiger Streite auf eine Partnerschaft gering zu halten, das werden wir später noch sehen.

Doch so logisch die biologischen Erklärungen des menschlichen Streitverhaltens auch sind, eine Frage drängt sich doch auf: Warum sind wir eigentlich so leicht – und so schnell – dazu zu bringen, auf den Menschen, den wir lieben, mit dem wir unseren Alltag, die Wohnung und unser Bett teilen, so heftig zu reagieren, wie Ines und Markus es taten? Warum spitzt sich ein Streit so schnell zu?

Warum spitzt sich ein Streit so schnell zu?

Um diese Frage zu beantworten, muss ich ein wenig ausholen. Denn bei einem Streit wie dem von Ines und Markus greifen vier unterschiedliche Räder ineinander. Das partnerschaftliche Unglück hat also eine ganze Reihe von Mitverursachern. Neben der biologischen Erklärung, die Sie ja schon kennen, gibt es weitere Umstände wie beispielsweise Stress, die den Beginn eines Streits genauso wahrscheinlicher machen wie seine anschließende Zuspitzung. Zudem findet man soziologische Begründungen. Sie sehen unser modernes Liebeskonzept und die damit verbundene große Abhängigkeit von einer Partnerschaft als eine Ursache für Partnerschaftsprobleme an. Und schließlich gibt es auch psychologische Erklärungen.

Psychologische Gründe

Biologisch ist die Sache überschaubar einfach: Tiger – Bedrohung – Adrenalin – Streit. Das war's. Psychologisch ist das alles weitaus komplizierter. Denn mal ganz im Ernst: Wo, bitte schön, war da eigentlich ein Tiger? Ein stehen gelassener Teller ist eine harmlose Sache und ein sich hochschaukelnder Streit wie der zwischen Ines und Markus ist keinesfalls eine Selbstverständlichkeit, ein Fakt, der uns von der Biologie diktiert wird. Ein Teller ist kein Tiger.

Die Frage, vor der wir stehen, lautet also: Warum reagieren Menschen angesichts eines stehen gelassenen Tellers oder einer ungehaltenen Bemerkung des Partners so, als ob gerade ein Tiger aus dem Busch gesprungen wäre – angriffslustig, mit aufgerichtetem Schwanz und einem weit aufgerissenen Maul, in dem furchteinflößende Zähne zu sehen sind?

Um das zu verstehen, müssen wir uns genau anschauen, was die beiden innerlich bei ihrem Streit bewegte. Was passierte, als Ines das Geschirr im Wohnzimmer stehen sah und mit ihrer Bemerkung über den „blöden Teller" den Streit der beiden lostrat? Was genau lief da in ihr ab? Ines ist schon seit geraumer Zeit genervt davon, dass Markus immer wieder Geschirr im Wohnzimmer stehen lässt. Markus macht das nicht jeden Tag. Doch zwei- bis dreimal in der Woche trägt Ines Markus' Sachen in die Küche. Das geht schon seit Monaten so und lange hat Ines nichts dazu gesagt. Vor ein paar Wochen aber bat sie ihn, alles, was er aus der Küche herausträgt, auch wieder zurückzubringen. Es stört sie eben. Markus nickte, sagte ein wenig geistesabwesend „Ja, ja" zu ihr und damit war die Angelegenheit für ihn auch schon erledigt. Dann trug er eine Weile tatsächlich alles in die Küche zurück. Doch nun ist es wieder passiert. Aber sie ist doch nicht sein Hausmädchen! Das ist ihre Sicht.

Markus seinerseits ist genervt, wenn Ines frustriert von der Arbeit kommt und ihn dann wegen irgendetwas kritisiert, das er als eine Kleinigkeit, als eine Bagatelle ansieht. Er empfindet ihre Kritik dann als ungerecht und überzogen.

Er findet es unfair, wenn sie den Stress ihrer Arbeit an ihm auslässt. Das ist seine Sicht.

So weit zur unterschiedlichen Sichtweise von Ines und Markus. Diese Vorgeschichte macht deutlich, wie unterschiedlich die Wahrnehmungen der beiden sind. Warum aber dann diese schnelle Aufschaukelung der Auseinandersetzung? Ist doch klar, könnten

Auf einen groben Klotz gehört nicht immer ein grober Keil.

Sie versucht sein zu sagen, Ines hat ihn angegriffen – da musste er doch wohl reagieren, oder? Sicher musste er das – doch musste er wirklich so reagieren, wie er es gemacht hat? „Auf einen groben Klotz gehört ein grober Keil", sagt der Volksmund. Kein Zweifel: Markus hat diesen Spruch beherzigt. Doch musste er sich auf den Streit mit Ines einlassen – oder hatte er andere Möglichkeiten zu antworten? Er hatte, doch er hat sie nicht genutzt.

Auch Ines ihrerseits hätte die spitze Bemerkung über den Teller im Wohnzimmer nicht machen müssen. Auch sie hatte nettere Alternativen. Beide hatten freundlichere Möglichkeiten, beide haben sie nicht genutzt. Und das hat mit den Gedanken zu tun, die sie während ihres Streits beschäftigten.

Gedanken bewerten eine Situation

Ein Teller ist kein Tiger. Ein Teller wird nur dann zu einer Bedrohung, wenn er mit den entsprechenden Gedanken einhergeht. Es sind – oftmals – nicht die Dinge selbst, die uns wütend oder ängstlich machen, sondern die Gedanken, die sie in uns auslösen. Das ist keine neue wissenschaftliche Erkenntnis, sondern eine sehr alte Idee, die nicht aus der Psychologie stammt, sondern aus der antiken griechischen Philosophie. Mit unseren Gedanken bewerten wir eine Situation. Diese Bewertungen können sehr unterschiedlich ausfallen. Wir können dem anderen die Absicht unterstellen, uns ärgern zu wollen. So eine – negative – Annahme führt beinahe automatisch in die Zuspitzung. Oder wir können davon ausgehen, dass Markus ein wenig vergesslich war, abgelenkt vielleicht von Gedanken an die Arbeit. Eine solche – wohlwollende – Bewertung des Partnerverhaltens hat ganz andere Konsequenzen. Es sind diese inneren Bewertungen, die die Verstärkung des Streits von Ines und Markus bewirken.

Was denkt Ines, während sie den Teller auf dem Wohnzimmertisch stehen sieht? Sie denkt „Setz dich zur Wehr!" und „Lass es Markus spüren, wenn er dich verletzt hat!" Das sind typische Reaktionen auf Ärger – und Frauen ärgern sich häufig. Häufiger als Männer. Ines' Gedanken sind keinesfalls das Ergebnis eines wie auch immer gearteten Nachdenkens über die Situation, über den Teller, über Markus und darüber, wie sie Markus dazu bekommt, sein Geschirr nicht stehen zu lassen, wie es ihm gerade passt. Sie hat nicht nachgedacht. Das ist in der Schnelle, in der sie reagiert, auch gar nicht möglich. Und biologisch – wir haben es schon gesehen – ist das ebenfalls nicht drin. Ines' Gedanken sind, wie die Psychologie sie nennt, automatische Gedanken.

||| Automatische Gedanken

Automatische Gedanken sind das Ergebnis früher Erfahrungen des Menschen. Sie werden in der Regel bereits in der Kindheit gelernt und laufen im späteren Leben gleichsam wie auf eingespielten Bahnen ab. Ich werde angegriffen. – Wehr dich! Lass dir nichts gefallen! Oder auch ganz anders: Ich werde angegriffen. – Zieh dich zurück! Automatische Gedanken kommen also aus unserer Vergangenheit. Und sie entfalten ihre Wirkkraft auch noch in einer sehr fernen Zukunft. Auch dreißig oder fünfzig Jahre, nachdem sie erlernt wurden.

Das alles ist Ines natürlich nicht bewusst. Sie denkt, dass sie sich im Hier und Jetzt befindet und auf eine Situation in ihrer Partnerschaft auf eine angemessene Weise reagiert. Sie meint, sie steuere das Schiff ihres Lebens. Doch das ist ein Irrtum. In Wahrheit hat ein Autopilot bei ihr das Ruder übernommen: Es sind ihre

Automatische Gedanken steuern unsere Reaktionen.

automatischen Gedanken, die ihre Reaktionen Markus gegenüber leiten. Sie steuern ihr Verhalten und lenken die Situation unerbittlich in Richtung Streit, in Richtung Zuspitzung.

Nicht anders verhält es sich bei Markus. Auch er hat seine, den Streit befeuernden Gedanken. „Das muss ich mir doch nicht gefallen lassen!", denkt er. Und: „So sollte sie doch nicht mit mir reden, nicht wenn sie mich liebt!" Schon als

Kind konnte er den kritisierenden Ton seiner Mutter nicht ausstehen, fühlte sich ihren Vorstellungen von Ordnung hilflos ausgeliefert. Schlägt Ines heute diesen kritischen Tonfall an, dann reagiert er automatisch pampig.

Auch Markus glaubt, er reagiere bei Auseinandersetzungen mit Ines so, wie es die jeweilige Situation erfordert. Doch auch ihn lenken seine automatischen Gedanken. Auch er hält nicht das Ruder in der Hand, obwohl er davon natürlich fest überzeugt ist.

Automatische Gedanken sind aber kein Schicksal, dem wir nicht entgehen können. Sie lassen sich erkennen, benennen und zurückverfolgen. Ihre Macht über unser Verhalten ist berechenbar. Wir können sie durch angemessenere Gedanken ersetzen.

Das setzt allerdings die Erkenntnis voraus, dass wir bei einem Streit nicht einfach „im Recht sind". Hand aufs Herz: Wenn eine Auseinandersetzung tobt, dann denken wir das alle. Im Recht zu sein ist ja auch eine tolle Sache. Wir haben gute Gründe für unsere Sicht der Dinge – der andere nicht. Wir sind mit unseren Wünschen und Bedürfnissen im Recht – der andere nicht.

Jeder hat seine persönliche Sicht der Dinge.

Später aber, wenn wir uns beruhigt haben, wenn das Gehirn vom Körper endlich wieder voll versorgt wird, sollten wir in der Lage sein zu begreifen, dass jeder von uns seine persönliche Sicht der Dinge, seine automatischen Gedanken und seine Gefühle hat. In einer Partnerschaft kommt es darauf an, die eigenen automatischen Gedanken zu kennen. Und darüber hinaus zu verstehen, dass sie ein Teil der eigenen, höchst individuellen Biografie sind.

Externale und internale Ursachenzuschreibungen

Aus psychologischer Sicht steigern sich Konflikte noch aus einem anderen Grund. Natürlich hat sich Ines auch in der Vergangenheit schon gefragt, warum Markus immer wieder seine Sachen im Wohnzimmer stehen lässt. Die Antwort, die sie sich im Laufe der Zeit auf diese Frage zurechtlegt, entscheidet mit darüber, ob sich die Situation zuspitzt oder nicht.

Denn auf das Verhalten anderer Menschen machen wir uns immer einen Reim. Und ihre Handlungen sind für uns immer dann besonders erklärungsbedürftig, wenn die Ergebnisse in unseren Augen negativ ausfallen. So fragen wir uns in der Regel nicht, warum der andere den Müll in den Mülleimer geworfen hat, wohl aber schon, warum er es nicht getan hat.

Solche Ursachenzuschreibungen nehmen wir unablässig vor. Wir bewerten unser eigenes Verhalten und das anderer Menschen in zwei verschiedene Richtungen.

1. Sind die Umstände schuld? Das nennt man eine externale Ursachenzuschreibung, also eine Erklärung durch äußere Umstände.

2. Oder ist der andere schlicht ein unverträglicher Zeitgenosse – also eine schwierige Persönlichkeit? Eine solche Bewertung der Ursachen heißt internal.

Bei dieser Einordnung haben wir – wie Wissenschaftler herausfanden – alle einen regelrechten Knick in der Optik. Wir neigen zu einer ausgesprochen positiven Beurteilung unseres eigenen Verhaltens und zu einer Abwertung der anderen.

||| Eine externale Deutung schont das Ego

Menschen haben den Hang, eigene Handlungen eher external zu deuten. Die Umstände waren schuld, dass etwas danebenging. Dies ist eine Sicht, die das eigene Ego schont. Die externale Ursachenzuschreibung für eigenes Verhalten wird von Männern und Frauen gleichermaßen bevorzugt. Allerdings haben Männer einen deutlich stärkeren Hang zu diesem egoschonenden Verfahren als Frauen.

Bei anderen sind wir weniger nachsichtig. Deren Verhalten interpretieren wir weitaus häufiger als internal, als Teil ihrer Persönlichkeit. Zerschlägt der Partner etwa eine Kaffeetasse, sind wir geneigt, mit abwertenden Gedanken auf sein Missgeschick zu reagieren: Er ist aber wirklich ungeschickt. Unser eigenes Verhalten erleben wir dagegen stark von äußeren Umständen gesteuert. Zerschlagen wir selbst eine Kaffeetasse, dann erklären wir das zum Beispiel damit: „Ich bin gestern aber wirklich spät ins Bett gekommen." Oder mit: „Das Vorstellungsgespräch heute macht mich furchtbar nervös." Diesem fundamentalen Erklärungsfehler unterliegen alle Menschen.

Negative Bewertungen

Wird das Verhalten des Partners negativ bewertet, dann steigt die Zahl der Konflikte und die Zufriedenheit mit der Partnerschaft sinkt. Wir gehen zum Beispiel davon aus, dass er uns ärgern will, dass er absichtlich zu spät kommt, den Teller absichtlich stehen lässt. Wenn dem Partner für sein Verhalten eine böse Absicht unterstellt wird, verschlechtert sich die Beziehung.

Das Endergebnis dieser Partnerabwertung lautet: Für negatives Verhalten ist die problematische Persönlichkeit des Partners verantwortlich. Mit dem kann es keiner aushalten. Die Frage der Ursachenzuschreibung ist für die Zuspitzung eines Konfliktes sehr wichtig. Denn das Erfolgsrezept glücklicher Paare ist recht einfach. Glückliche Paare bewerten das Verhalten des Partners in einer ganz bestimmten Art und Weise: Verhält er sich positiv, dann ist seine große Zuneigung dafür verantwortlich und die Vielzahl seiner guten Eigenschaften. Verhält er sich aber negativ, dann sind die äußeren Umstände gerade ungünstig. Und das ist im menschlichen Leben bekanntlich ja hin und wieder der Fall.

Streitbegünstigende Umstände

Sind die Belastungen des Alltags gering, streiten sich Paare erheblich seltener. Dann sind sie eher in der Lage, eine drohende Auseinandersetzung zu erkennen und ihr schon im Vorfeld die Spitze zu nehmen – zum Beispiel durch eine humorvolle Bemerkung. Ganz anders aber, wenn uns der Alltagsstress gefangen hält. Dann kann eine Partnerschaft schnell wie zwischen Mühlsteinen zerrieben werden.

Wollen Sie wissen, wie Ines' Tag verlaufen ist, bevor sie auf Markus traf und auf den unseligen, stehen gelassenen Teller? Zunächst einmal kam sie zu spät zur Arbeit – kein guter Einstieg in den Tag. Es hatte den ersten Frost gegeben. Ines musste die Scheiben frei kratzen. Danach setzte Sie sich in den eiskalten Wagen, drehte den Zündschlüssel und hörte, wie der Anlasser sich mühte und mühte. Doch es half alles nichts. Ihr Auto sprang nicht an und mit dem Bus – ja, da verspätete sie sich eben.

Alltagsstress kann eine Partnerschaft zerreiben.

Als Ines abgehetzt ins Büro kam, hatte ihr Chef schon nach ihr gefragt, was ihre neue Kollegin Heike ihr süffisant lächelnd erzählte, während sie sich sorgfältig die lackierten Fingernägel polierte. Na super! Ines' Chef war mürrisch – wie so oft – und konnte die Unterlagen zu einem wichtigen Projekt nicht finden. Ines erledigte das im Handumdrehen, doch er hatte nicht einmal ein Danke für sie übrig. So ging der Tag weiter. Nach dem Mittagessen geriet Ines dann auch noch mit Heike wegen der Urlaubsplanung aneinander. Es war zum Heulen.

Wie sie jetzt mit ihrem Stress umgeht, hat einen sehr großen Einfluss auf den weiteren Verlauf der Ereignisse. Man kann sich Ines' Stimmung ausmalen, wenn sie nach Hause kommt. Sie ist schlecht. Und so steigt die Wahrscheinlichkeit ein weiteres Mal, dass sich der Streit zuspitzt. Von Ines'

Reaktion hängt eine Menge für sie ab. Glücklichen Paaren gelingt es, den Stress miteinander zu teilen und dadurch abzubauen. Unglückliche Paare schaffen das nicht. Sie richten den Ärger des Tages gegeneinander – und berauben sich so einer wichtigen Stütze, des Rückhalts durch den Partner oder die Partnerin.

Nun heißt dieses Buch „Streit ist auch keine Lösung", weil ich der Überzeugung bin, dass die allermeisten Streite zu keinem sinnvollen Ergebnis führen, uns Kraft und Energie rauben und uns den Blick auf die wirklich wichtigen Dinge verstellen. Auf Lösungen zum Beispiel. Oder **Streit führt zu keinem sinnvollen Ergebnis.** schlicht auf die dringend notwendige Anteilnahme am anderen. Lassen Sie uns also diese Hypothese, diese Grundannahme, am Beispiel von Ines' und Markus' Streit untersuchen. Lassen Sie uns einen Moment überlegen, welche Ziele Ines verfolgt und ob sie ihnen mithilfe des Streits näher gekommen ist.

Ines möchte sich respektiert fühlen und wünscht sich, dass Markus sein Geschirr selbst abräumt. Sie will nicht seine Reinemachefrau sein. Verständlich. Ines möchte sich darüber hinaus nach der Arbeit vom Stress des Tages erholen. Dazu braucht sie das Gespräch mit Markus, sein Verständnis, seine Anerkennung. Auch verständlich.

Es ist leicht zu erkennen, dass Ines keinem ihrer Ziele durch den Streit näher gekommen ist – weder kurzfristig noch langfristig. „Streit ist auch keine Lösung" wäre für Ines die bessere Alternative in Hinblick auf ihre Ziele.

Soziologische Erklärungen

Moderne Lebensform

Anerkennung und Bestätigung – das ist heutzutage der Dreh- und Angelpunkt einer Partnerschaft. Ursprünglich stellte sich uns dieses Problem der Anerkennung nicht in der Form, wie wir es heute kennen. Vor 500 oder 5 000 Jahren hätten Paare diese Forderung nicht einmal verstanden. Eine Partnerschaft war eine Wirtschaftsgemeinschaft, eingebettet in ein dichtes Beziehungs- und Solidargeflecht, das Verwandte und Angehörige der eigenen Gruppe umfasste.

Der steinzeitliche Mensch lebte in einem festen Gefüge, in dem jeder seinen Platz hatte und in laufendem Kontakt und Austausch mit den anderen Gruppenmitgliedern stand. Kein steinzeitlicher Jäger kam nach einem langen, mit Fremden verbrachten Arbeitstag nach Hause in sein beschauliches Heim, um seiner Frau von seinem Tagwerk zu erzählen. Oder auch alleine im Hobbykeller einen kaputten Stuhl zu reparieren und dabei seinen Gedanken nachzuhängen und sich auf diese Weise von dem Tag zu erholen.

Erst die Moderne hat Arbeit, Familie und Freizeit so weit auseinandergerissen, wie wir es heute kennen. Und damit das Bedürfnis nach Anerkennung in der heutigen Form erst geschaffen. Heute kommen ein Mann und eine Frau beinahe immer nach einem langen Arbeitstag in unterschiedlichen Aufgabenbereichen erst wieder zusammen und möchten das Erlebte mit dem Menschen teilen, der ihnen am nächsten steht. Sie wollen es teilen. Aber nicht nur das.

Sie wünschen sich auch Bestätigung, eine Bestätigung für ihre Sicht der Dinge.

Partnerschaften sind heute wichtiger als früher, um uns als Individuum zu bestätigen. Wir streben nach der Bestätigung unserer Sicht und unserer Individualität durch den Partner. „Das Sein des Selbstbewusstseins besteht in der Bestätigung durch ein anderes Selbstbewusstsein", sagt der Philosoph Friedrich Wilhelm Hegel. Diese Selbst-Bestätigung durch Bezugspersonen spielt in der Gegenwart eine wichtigere Rolle als früher, weil Traditionen für uns nicht mehr so bedeutsam sind wie für

Heutige Partnerschaften sind für Streit anfällig.

frühere Generationen. Noch vor hundert Jahren war die Kultur so eindeutig und die gesellschaftlichen Vorstellungen von richtig und falsch so ausgeprägt, dass man keine individuelle Bestätigung für jede Einstellung benötigte, die man für richtig hielt.

Wir haben für die gefühlsmäßige Unterstützung durch den Partner keinen Ersatz. Und genau das macht Partnerschaften heute anfällig für Streit. Darüber hinaus sind unsere sozialen Netze grobmaschiger geworden. Das feste Gruppengefüge ist einer lockeren Verbundenheit gewichen. Tagtäglich sehen wir unsere Kolleginnen und Kollegen, die uns gefühlsmäßig meist nicht allzu nahestehen. Seltener aber treffen wir uns mit Freundinnen und Freunden, die oft weit entfernt wohnen. Die Folgen liegen auf der Hand: Wir erwarten vom Partner deutlich mehr, als wir es in früheren Zeiten getan hätten. Ein Streit schaukelt sich also auch deshalb so schnell hoch, weil wir ausgesprochen bedürftig nach Anerkennung durch den Partner heimkehren. Schwieriger noch: weil beide Partner jeweils mit diesem Bedürfnis aufeinandertreffen.

Soziologische Erklärungen für einen Partnerschaftsstreit wie diesen sind auf den ersten Blick für viele Menschen enttäuschend. Was soll man denn machen? Unsere gesellschaftliche Realität ist nun einmal, wie sie ist. Markus zieht nicht morgens mit anderen Stammesmitgliedern zur Jagd. Ines verbringt den Tag nicht mit den Frauen des Stammes, den Kindern und den Alten.

Modernes Liebeskonzept

Und auch unser gesellschaftliches Liebeskonzept ist nun einmal, wie es ist. Wir leben jetzt – und nicht in früheren Zeiten. Der Einwand ist berechtigt. Aber vielleicht lässt sich doch zweierlei aus alledem lernen.

1. Wenn es uns oft schwerfällt, im alltäglichen Miteinander für den Partner da zu sein, dann ist das nicht einfach nur unser persönliches Versagen. Das gesellschaftliche Leitbild der Liebe hängt die Messlatte für uns hoch, ausgesprochen hoch sogar. Kein Wunder, dass wir sie ab und zu reißen.

2. Je enger wir unsere Partnerschaft gestalten, je mehr wir ausschließlich den Partner oder die Partnerin für die Erfüllung unserer Bedürfnisse in die Pflicht nehmen, desto schwieriger läuft eine Beziehung. Wer sich darüber im Klaren ist, dass eine Partnerschaft besser funktioniert

und es seltener zum Streit kommt, wenn auch Außenstehende, wenn Freunde an wesentlichen Teilen unseres Lebens Anteil haben, der erleichtert sich und seiner Beziehung das Leben. Freunde zu haben erhöht nachweislich die Zufriedenheit mit der eigenen Partnerschaft und deren Stabilität.

Wir haben jetzt ein deutlich klareres Bild davon, was ein Streit ist und was ihn befördert: Zu Beginn eines Streits steht eine Situation, die von einem der Partner als Bedrohung gedeutet wird. Automatische Gedanken und Ursachenzuschreibungen haben das Verhalten des Partners ausgesprochen negativ bewertet. Der Streit spitzt sich zu, weil jeder durch die Art seiner Verteidigung den anderen heftiger angreift, als er sich selbst angegriffen fühlt. Jeder sieht sich im Recht und den Partner im Unrecht. Zum Ende kommt die Zuspitzung erst, wenn beide ermattet sind von den erlittenen und zugefügten – verbalen – Verletzungen. Oder wenn beide spüren, dass sie ihre Beziehung aufs Spiel setzen.

Jetzt wird der Streit ausgesetzt. Jeder zieht sich wütend und verletzt zurück, geht in sich. Jeder fragt sich, wie es dazu hat kommen können, wieso er so heftig wurde, warum der Partner so verletzend war. Jetzt erst kommt es zu einer Auszeit, einer Auszeit vom Streit. Na endlich!

Wie beendet man einen Streit?

Streit schnellstmöglich beenden

Die Antwort auf die Frage, wie man einen Streit beendet, ist kurz und einfach. Sie lautet: So schnell wie möglich. Das gilt auch für Ines und Markus. Markus hätte sich schon nach Ines' ungehaltener Bemerkung über den Teller gegen einen Streit entscheiden können. Er hätte zum Beispiel sagen können: „Ich will mich nicht streiten. Mein Tag war sehr anstrengend und deiner vielleicht auch. Ich gehe eine Runde um den Block und dann reden wir." Leider hat er das nicht getan.

Doch auch wenn ein Streit bereits in vollem Gange ist, gilt weiterhin: Die vernünftigste Lösung ist, ihn zu beenden. So schnell es geht und mit so wenigen Verletzungen wie möglich.

Eine Fortsetzung des Streits bringt beiden nichts. Ines nicht und Markus nicht. Da sie gefühlsmäßig sehr erregt sind, können sie keine Lösung für ihr Problem finden. Viele Paare glauben in solch einer Situation, sie müssten erst einmal das aufgetretene Problem lösen, um dann wieder zur Ruhe kommen zu können. Doch diese Ansicht ist falsch. Umgekehrt wird ein Schuh daraus. Wir müssen einander zuhören, um weiterzukommen. Solange das nicht geht – weil der Puls zu hoch ist und der Körper sich mit der Frage

„Angriff oder Flucht?" beschäftigt –, gibt es keine Fortschritte. Um einander zuhören zu können, müssen wir uns zunächst einmal beruhigen. Wenn das nicht geschieht, gerät die Situation immer weiter außer Kontrolle.

Eine Auszeit ist deshalb die beste Lösung. So gesehen war es gar nicht so schlecht, dass Ines wütend die Wohnung verlassen hat und zu ihrer Freundin Renate gegangen ist. Was sollte es denn auch bringen, sich weiter mit Markus zu streiten? Beide fühlen sich ungerecht behandelt. Beide sind im Moment außerstande, zur Beruhigung und Klärung der Situation beizutragen. Mit ein wenig Abstand zueinander gelingt das besser. Der Puls beruhigt sich, der Blutdruck sinkt und das Gehirn nimmt seine Arbeit wieder auf. Beste Voraussetzungen, um nach Lösungen Ausschau zu halten und andere, rationalere Verhaltensweisen in Erwägung zu ziehen!

Beide fühlen sich ungerecht behandelt.

Welche Lösung die beiden für ihre Auszeit finden, ist einerlei. Sie können in getrennte Zimmer gehen, um sich so eine Weile aus dem Weg zu gehen. Einer kann das Haus verlassen, um sich zu beruhigen.

Der Trick mit dem Wasserglas

Eine besonders effektive Methode, einen Streit schon im Ansatz zu beenden und zu einer Auszeit zu kommen, ist der Trick mit dem Glas Wasser. Schließlich geht es vielen Paaren so wie Ines und Markus. Ein Wort gibt das andere und nachher tut es ihnen leid. Und dann fragen sie sich: Geht das nicht auch ein bisschen ruhiger?

Aber klar geht das. Sie müssen nur einige ganz einfache Regeln beherzigen. Zunächst einmal sollten Sie ein großes Glas Wasser bereitstellen, das ist für den Erfolg ganz entscheidend. Kommt es dann zu einem Streit, beginnt der Ernstfall. Versuchen Sie es bitte mit folgender Methode: Statt zu antworten und aus dem Bauch heraus die eine oder andere Beschimpfung loszuwerden, atmen sie einfach ruhig durch. Meinetwegen zählen Sie dabei auch noch zum Beispiel bis zwanzig. Besser bis hundert. In der Zwischenzeit ist die erste Wut oft verraucht und das ruhige Atmen sorgt auch im Körper für Beruhigung.

||| **Kein klares Denken ab einem Puls von 90**

Ab einem Puls von etwa 90 können Menschen nicht mehr klar denken. Sie wissen, die Natur hat das mit dem erhöhten Puls so vorgesehen, denn früher regten sich Menschen auf, weil sie einer Bedrohung gegenüberstanden. Es konnte ja damals wirklich keiner ahnen, dass hunderttausend Jahre später Menschen in einer Partnerschaft diesen Überlebensmechanismus benutzen, um sich in wilde Kämpfe mit ihren Partnern zu verstricken.

Beim Zählen achten Sie dann noch genau auf die abwertenden Gedanken, die Ihnen in Bezug auf Ihre Partnerin oder Ihren Partner kommen, und auf Gedanken, die Sie

zum Kampf aufhetzen. Gedanken wie „Die spinnt ja wohl!"
oder „Das muss ich mir doch nicht gefallen lassen!". Treten
Sie diesen Aufstachelungen zum Kampf mutig entgegen.
Sagen sie einfach Stopp! In Erregung fällt schnell ein unbe-
dachtes, ein verletzendes Wort. Wenn Sie das wirklich und
ernsthaft sagen wollen, sollten Sie ruhig und beherrscht
sein – vielleicht möchten Sie es dann überhaupt nicht mehr
sagen. Und wenn Sie schließlich bis hundert gezählt haben,
ist Ihnen möglicherweise eine Erwiderung eingefallen, die
so konstruktiv ist wie die eben gerade von Markus.

Wozu aber nun das Glas Wasser, wollen Sie wissen? Sehen
Sie, der geschilderte Plan ist zwar gut, misslingt aber doch
oft, weil wir unseren Mund nicht halten können. Neh-
men Sie also, wenn Sie anfangen zu zählen, einen großen
Schluck Wasser in den Mund und lassen Sie ihn dort, bis
Sie zu Ende gezählt haben. Sie werden feststellen, dass es
Ihnen auf diese Weise viel leichter fällt, nicht auf eventuelle
Angriffe zu antworten.

Die Top Five zur Beruhigung

Auf ein Angebot zum Streit gar nicht erst einzugehen, das
ist der Idealfall. In der Realität finden wir den Weg heraus
aus dem Streit oft erst viel später. Nach einigen verbalen
Entgleisungen. Nach lautem Schimpfen. Nach wütendem
Türenschlagen. Im Allgemeinen braucht der Körper dann
mindestens 20 Minuten, um die Spannung abzubauen, die

durch die Auseinandersetzung entstanden ist. Bei Männern sind es sogar eher 30 Minuten. Für diesen Spannungsabbau will ich Ihnen die fünf besten Vorgehensweisen vorstellen.

1. Durchatmen

Atmen Sie ruhig und tief ein. Beobachten Sie, wie sich Ihr Bauch und Ihre Brust dabei weiten. Atmen Sie dann mit der gleichen Aufmerksamkeit wieder aus. Sich auf die Atmung zu konzentrieren hat eine beruhigende Wirkung auf den gesamten Körper.

2. Bewegung

Durch Bewegung lässt sich die Spannung sehr gut verringern, die ein Streit körperlich aufbaut. Gehen Sie eine Runde durch den Park oder um den Block. Gehen Sie zügig. Sie dürfen ruhig ein wenig außer Atem kommen. Bewegung verringert die Stresshormone, die den Körper bei einem Streit überfluten.

3. Für gute Stimmung sorgen

Einerlei was sonst so Ihre Stimmung hebt: Tun Sie es jetzt. Hören Sie Musik, genießen Sie die Sonne. Trinken Sie einen Kaffee.

4. Negative Gedanken bewusst machen

Machen Sie sich klar, welche negativen Gedanken über Ihren Partner oder Ihre Partnerin auf Ihrer Seite den Streit mit ausgelöst haben.

5. Negative Gedanken stoppen

Sagen Sie bewusst Stopp zu allen abwertenden und zum Kampf anstachelnden Gedanken. Hüten Sie sich auch vor dem Gedanken „Ich bin im Recht". Wenn Ines nach ihrem Besuch bei ihrer Freundin Renate mit Markus reden möchte, dann bringt es ihr nichts, darauf zu beharren, dass sie im Recht war mit ihrer Bemerkung über den blöden Teller. Solche Gedanken stacheln ihre Wut nur immer wieder aufs Neue an. Besser ist es, wenn sie sich fragt, wie Markus die Auseinandersetzung erlebt hat, wie seine Sicht der Dinge ist.

Mit Freunden sprechen?

Vielleicht haben Sie eine Vorgehensweise an dieser Stelle vermisst, das Gespräch mit Freunden nämlich. Gespräche mit Freunden sind nach meiner Erfahrung eine zweischneidige Angelegenheit. Das ist der Grund, warum ich sie nicht grundsätzlich empfehle.

Aus der Beratung kenne ich viele Fälle, bei denen Männer wie Frauen von ihren Freunden regelrecht zum Weiterkämpfen aufgestachelt werden. „Die spinnt ja wohl!", sagt dann der beste Freund. „Der braucht aber dringend einen Psychiater!", empfiehlt die beste Freundin. Wer solche Freunde hat, der nimmt besser Abstand davon, mit ihnen über die eigene Beziehung zu

Freunde stacheln oft zum Weiterkämpfen auf.

reden. Beide gießen Öl in ein ohnehin schon bedenklich loderndes Feuer.

Freunde stärken uns den Rücken. Das ist zunächst einmal gut so. Schließlich sind Freunde ja auch genau dazu da. Freunde aber, die Ihnen ausschließlich recht geben, die Sie darin bestärken, im Recht zu sein, sich durchzusetzen und dass der andere doch einfach einen Hau hat oder gar dringend eine Therapie braucht – solche Freunde sind keine Hilfe, um sich nach einem Streit wieder zu beruhigen. Das Gleiche gilt für Freunde, die mit Unverständnis oder harscher Kritik auf Sie reagieren.

Sie wissen jetzt, dass es am besten ist, einen Streit so schnell wie möglich zu beenden. Sie wissen auch, wie Sie sich beruhigen können, wenn es doch zum Streit gekommen ist. Aber, so ließe sich einwenden, könnte die Zuspitzung der Auseinandersetzung nicht auch vermieden werden, wenn es Ines und Markus gelänge, anders miteinander zu streiten? Ist faires Streiten also vielleicht die Lösung?

Ist faires Streiten möglich?

Bei Wut hilft faires Streiten nicht

Wie wäre es, wenn beide Partner sich verpflichteten, während eines Streits fair zu bleiben? Keine Vorwürfe, kein erhobener Tonfall. Dieser Vorschlag steht seit einigen Jahrzehnten im Raum. „Faires Streiten" heißt dieses Konzept und es hat mehrere Teile. Zunächst einmal sollen Streitende sich aktiv zuhören. Sie sollen das, was der andere zu sagen hat, nicht einfach mit Gegenargumenten kontern, sondern erst einmal wiederholen, wie sie es verstanden haben. Sie sollen Verständnis signalisieren, Ich-Botschaften formulieren – „Ich finde, dass du übertreibst" statt „Du übertreibst." So soll dem Streit seine destruktive Kraft genommen werden.

Ist faires Streiten also die Lösung für das Streit-Problem? Nein, weil faires Streiten schlicht nicht funktioniert. Der Grund: Es ist unmöglich, dem Partner gegenüber gleichzeitig wütend und ihm zugewandt zu sein. Bestenfalls kommt eine seltsame Mischung von beidem heraus. Im schlimmsten Fall aber wird der Streit nur einfach ein bisschen länger dauern als ohne die Bemühung, fair zu streiten.

Erst wenn die Wut verklungen ist, wenn Ruhe und Besinnung wieder einsetzen, dann haben aktives Zuhören, Ich-Botschaften und all die anderen Werkzeuge aus dem Baukasten der Anhänger des fairen Streitens eine gute Chance. Wenn Sie also schon einmal in erregtem Zustand versucht haben, Ihrem Partner eine Ich-Botschaft zu sagen, und das Ergebnis niederschmetternd war – dann wissen Sie jetzt, warum. Es ist nicht möglich, denn es kommt nur zum Teil darauf an, was Sie sagen. Auch der Ton macht die Musik.

Solange Ihr Puls über 95 ist, kommt eine Anwendung des fairen Streitens nicht in Betracht. Manche Experten empfehlen sogar einen Pulsmesser, um bei Konflikten nicht das Unmögliche zu versuchen: von einem von Adrenalin und Cortisol überfluteten Partner Verständnis und Einfühlung zu erwarten.

Haben sich die Gemüter beruhigt, kann das Repertoire der Fairness in der Tat eine Menge zur Lösung von Paarkonflikten beitragen. Oder zumindest dazu führen, dass der Austausch der – möglicherweise unvereinbaren – Positionen in zivilisierter Form abläuft und Sie dadurch eine Menge über die Sicht Ihrer Partnerin oder Ihres Partners erfahren. Denn das ist das eigentliche Ziel des fairen Streitens: Sie sollen lernen, wie Ihr Partner die Sache sieht. Sie sollen erleben, dass auch Ihr Partner Ihre Position versteht, wenn es auch nicht die seine ist. Und dann sollen Sie beide besser in der Lage sein, eine für Sie passende Lösung zu finden.

Ziel: Wie sieht Ihr Partner die Sache?

Männer streiten anders

„Auf meinen Partner trifft Ihre Beschreibung aber überhaupt nicht zu. Er ist bei Streiten immer völlig ruhig." Das ist ein häufiger Einwand von Frauen an dieser Stelle. Viele Männer reagieren auf Streit in der Beziehung in der Tat äußerlich absolut ruhig. Sie wirken für einen Unbeteiligten sogar regelrecht gelassen.

Dies liegt daran, dass sie ihrer inneren Unruhe durch äußere Ruhe begegnen wollen. Sie wollen sich im Griff haben. Wie ein Mann sich wirklich fühlt, das erkennen Wissenschaftler eher an einem Pulsmesser als an seinen beherrschten Gesichtszügen, seinem ruhigen Tonfall oder seinen genau abgewogenen Worten.

Manche Männer bekommen schon, wenn sie allein die Worte „Wir müssen reden!" hören, einen Puls, der ein rationales Gespräch vollkommen unmöglich macht. Sie fürchten das Gespräch. Sie fürchten den Streit. Sie fürchten ihn so sehr, dass schon die bloße Erwartung eines Konfliktgespräches ihren Körper in die Situation „Kampf oder Flucht" katapultiert.

||| Die Reaktion auf Streit bei Mann und Frau

Männer reagieren körperlich stärker auf Streit als Frauen. Sie brauchen auch deutlich länger als Frauen, um sich nach einem Streit wieder zu beruhigen. Das hat auch körperliche Gründe. Die männliche Biologie scheint in diesem Punkt schlicht anders zu sein als die weibliche. Männer kommen nach einer bedrohlichen Situation – oder einer Situation, die ihnen als bedrohlich erscheint – nur langsam wieder auf einen normalen Puls herunter.

Darüber hinaus sind Männer aber von ihrer Beziehung auch deutlich abhängiger als Frauen. Vielleicht verwundert Sie diese Aussage, weil Sie als Frau von Ihrem Mann noch nie gehört haben, wie sehr er Sie braucht. Ich behaupte hier nicht, dass Männer diesen Umstand auch zugeben. Aber die Forschung belegt es eindeutig: Für das gefühlsmäßige Wohlbefinden sind Männer stärker auf Frauen angewiesen als Frauen auf Männer. Männer haben weniger Freunde als Frauen. Und das ist nicht alles. Mit den wenigen Freunden, die sie haben, unterhalten sich Männer nicht unbedingt über heikle Erlebnisse, die ihre Gefühlswelt betreffen. Lieber sprechen sie über Erfolge im Beruf, über das neue Auto, das sie sich nach langem Zögern nun doch endlich geleistet haben, oder über andere angenehme Dinge wie beispielsweise Sport oder Freizeitvergnügungen. Zwei Drittel aller Männer haben keinen Freund, den Sie auch in einem emotionalen Ernstfall anrufen könnten − zum Beispiel wenn der Arzt Krebs diagnostiziert oder der Job unsicher wird, weil die Firma gerade an einen Finanzinvestor mit zweifelhaftem Ruf verkauft wurde. Bei all diesen seelisch belastenden Ereignissen kennen Männer oft keine Dritten, mit dem sie sprechen könnten. Hierfür haben Sie nur ihre Frauen.

Frauen hingegen verfügen über einen größeren sozialen Rückhalt. Sie haben beste Freundinnen, die diesen Namen auch verdienen. Denn sie erfahren wirklich vieles, auch sehr Persönliches voneinander. Frauen verfügen im seelischen Krisenfall deutlich häufiger als Männer über engmaschige soziale Netzwerke. Das alles erklärt, warum Männer deutlich empfindlicher sind, wenn sie die Harmonie in ihrer Beziehung bedroht sehen. Und deutlich stärker verunsichert, wenn es doch einmal zu einem Streit gekommen ist.

Zugegeben: Das ist für beide Partner eine anstrengende Situation. Sie stehen dann vor einer schwierigen Aufgabe: Sie müssen sich wieder mit dem anderen vertragen. Die wenigsten Menschen schmeißen nach einem Streit die Brocken gleich enttäuscht hin und wenden sich der nächsten Liebe zu. Zum Glück! Wie aber geht das am besten – sich zu vertragen?

Wie versöhnt man sich am besten wieder?

Wie man sich am besten wieder versöhnt, das ist eine Frage, auf die wir alle gerne eine Antwort wüssten. Wir alle haben uns schon einmal gestritten. Und wir alle haben danach versucht, wieder zueinander zu finden. Mit mehr oder weniger großem Erfolg.

Auch Ines und Markus stehen jetzt vor der Frage, wie sie sich am besten wieder vertragen. Wer wie Ines wutschnaubend zur besten Freundin flüchtet, der muss doch irgendwann einmal wieder nach Hause kommen. Und muss sich vertragen. Und wer wie Markus heilfroh ist, dass der andere das Feld räumt und voller Wut das Geschirr an der Wand zerschmettert, der muss sich später, nach dem Wegfegen der Scherben in seiner Küche, fragen, wie er die Scherben in der Beziehung wieder kitten will. Er muss sich vertragen. Doch wie?

Das klärende Gespräch

„Ist doch klar", werden Sie vielleicht sagen, „die beiden müssen miteinander reden und ihre Differenzen besprechen." Dann denken Sie vermutlich wie einer dieser Kommunikationsexperten, der glaubt, der Schlüssel zur Lösung eines Streits liege immer im Gespräch – im klärenden Gespräch, versteht sich. Vielleicht haben Sie ja auch einmal eines dieser Bücher gelesen. Sie haben Titel wie „Faires Streiten – leicht gemacht" oder „Die Liebe retten im Gespräch" und sie wollen uns vom Sinn eines klärenden Gespräches nach einem Streit überzeugen. Seit den 70er-Jahren gilt die Devise „Reden Sie darüber" als ein Allheilmittel für Beziehungsprobleme. Und deshalb erhalten Sie diesen Rat nicht nur in Beziehungsbüchern, sondern auch in den Ratgeberspalten von Zeitungen und Zeitschriften. Und da viele Paare schon solche Bücher oder die entsprechenden Tipps in Zeitschriften gelesen haben, halten eben auch viele Paare das klärende Gespräch für den besten Weg, sich nach einer mehr oder weniger heftigen Auseinandersetzung wieder anzunähern.

Ich bin ein großer Anhänger des Gesprächs. Des schönen Gesprächs über Lebenserfahrungen und die Schlüsse, die wir daraus gezogen haben. Des neugierigen Gesprächs über Lebensziele und Wünsche, die noch verwirklicht werden wollen. Des unterstützenden Gesprächs über den Tag und seine Widrigkeiten. Ja, und wenn es sein muss, auch des konfrontativen Gesprächs, bei dem Dinge ausgesprochen werden, die unbedingt auf den Tisch gehören. Aber ob ein klärendes Gespräch nach einem Streit immer die beste Lösung ist, daran habe ich große Zweifel. Und je länger ich mit Paarkonflikten zu tun habe, desto kritischer sehe ich die Ansicht, dass Paarkonflikte am besten durch klärende Gespräche beigelegt werden können. Denn klä-

Ein klärendes Gespräch ist nicht immer die beste Lösung.

rende Gespräche zur Versöhnung funktionieren nur bei einer Minderheit der Paare.

Vielleicht gehören Sie und Ihr Partner ja zu denjenigen Paaren, bei denen solch ein Vorgehen zum Erfolg, sprich: zu einer besseren Stimmung führt. Vielleicht. Vielleicht aber auch nicht. Und dann haben Sie ein echtes Problem. Denn wenn allenthalben zum Gespräch als Lösung für einen Partnerschaftsstreit geraten wird und das bei Ihnen und Ihrer Liebe nicht funktioniert, dann könnten Sie durchaus auf die Idee kommen, dass es an Ihnen liegt. Oder an Ihrer Liebe. Vielleicht liegt es aber gar nicht an Ihnen und auch nicht an Ihrem Partner. Und schon gar nicht daran, dass mit Ihrer Liebe zueinander irgendetwas nicht stimmt. Vielleicht liegt es schlicht an dem Rat, den Sie bekommen haben.

Warum ein klärendes Gespräch oft nicht hilft

Menschen sind nicht annähernd so rational, wie viele Kommunikationsexperten und Beziehungstherapeuten sie gerne hätten.

Ein klärendes Gespräch entgleitet schneller, als heiße Milch überkocht. Gerade noch dachten Sie, Sie hätten alles im Griff, dann drehen Sie sich nur eben mal um, um dem Kind die Nase zu putzen, und – schwups – fängt es hinter Ihnen auf dem Herd an zu zischen und zu qualmen.

So ähnlich ist es oft auch bei einem klärenden Gespräch. Gerade noch dachten Sie: „Es geht doch!", und schon befinden Sie sich wieder in einer heftigen Auseinandersetzung, bei der es im übertragenen Sinne nur so qualmt und zischt.

Eine Auseinandersetzung also, bei der die unangenehmsten Worte fallen und alle Aussichten auf eine Annäherung in weite Ferne entschwinden. Sind beide Partner immer noch wütend und fühlen sich voll und ganz im Recht, dann ist es sogar sehr wahrscheinlich, dass Sie den ersten Streit nur einfach wiederholen. Mit anderen Worten zwar, aber mit ebenso enttäuschenden Gefühlen.

Nach unserem Abstecher über die Biologie des Streits im ersten Kapitel wissen Sie ja, warum das so ist. Das Gespräch, das die Lage doch eigentlich verbessern sollte, führt die Gegner wieder mitten in ihren Streit zurück. Mit allen körperlichen Reaktionen: hohem Puls, Muskelanspannung und mangelnder Versorgung des Gehirns. Denken ist später.

Viele Paarkonflikte lassen sich überdies nicht eben mal einfach klären. Möglicherweise gehen die unterschiedlichen Ansichten der Streitenden auf deren – unterschiedliche –

Oft sind die Fronten für eine Streitlösung zu verhärtet.

Charaktere zurück. Möglicherweise sind aber auch einfach die Standpunkte der Partner zurzeit noch viel zu weit auseinander. Da hilft auch das schönste Gespräch nichts. Oft sind die Fronten so verhärtet, dass eine Lösung auf diese Weise nicht zu erreichen ist. Jeder wiederholt monoton seinen Standpunkt, seine Sicht der Dinge, und hofft – vergeblich – auf ein Entgegenkommen des Partners. Der andere soll einsehen, dass er im Unrecht war. Und genau das tut er natürlich nicht. Menschen brauchen Zeit, um ihre Standpunkte zu überdenken und zu verändern.

Konflikte ruhen lassen

In vielen Fällen ist es nach meiner Erfahrung deshalb tatsächlich besser, etwas zu tun, was Kommunikationsexperten und Paartherapeuten in der Regel rundheraus ablehnen: den Konflikt zunächst einmal nicht zu klären, sondern ihn ruhen zu lassen und stattdessen etwas ganz anderes zu tun. Etwas, das die Stimmung in der Beziehung verbessert. Denn eine bessere Stimmung vergrößert die Aussichten, dass ein Gespräch zur Klärung beiträgt.

Wenn Reden also bei Ihnen und Ihrem Partner oder Ihrer Partnerin hilft – wunderbar. Wenn das aber nicht so gut läuft, dann meiden Sie dieses Vorgehen und suchen Sie nach anderen Wegen, das zerschlagene Porzellan wieder zu kitten. Zum Glück gibt es noch einige andere Methoden, die zum Erfolg führen. Und denen wollen wir uns jetzt zuwenden.

Sich entschuldigen

Die erste und einfachste dieser Möglichkeiten heißt: sich entschuldigen. Klingt altmodisch? Kann sein. Aber es hilft! Wenn Sie, wie ich, Ihre Jugend in den 70er-Jahren verbracht haben, dann kennen Sie wahrscheinlich den Film „Love Story". Eine herzzerreißende Liebesgeschichte, in der die weibliche Hauptfigur Jenny unheilbar an Leukämie erkrankt. „Sich lieben heißt, nie um Entschuldigung zu bitten", sagt die Heldin Jenny bei einer Versöhnung zu ihrem Mann Oliver, der sich bei ihr entschuldigen will. Wow! Das ist wirklich ganz großes Gefühlskino. Hollywood at its best. Kein Auge bleibt hier trocken. Sie verzeiht ihm – auch wenn er noch so verletzend war – ganz ohne Worte, einfach so. So hätten wir es gerne, das Leben, und deshalb werden solche hinreißenden Gefühlsduseleien ja auch produziert.

So hätten wir es gerne, doch so ist es nicht. „Sich lieben heißt, nie um Entschuldigung zu bitten" – im realen Leben ist das, mit Verlaub, grober Unsinn. In Wahrheit ist es nirgendwo wichtiger, Entschuldigung zu sagen oder auch einmal um Entschuldigung zu bitten, als in der Liebe. Nirgendwo ist die Nähe zum anderen so groß wie in der Liebe. Nirgendwo sind wir so verletzbar wie in der Partnerschaft. Nirgendwo verletzen wir selbst so sehr – auch wenn wir das möglicherweise gar nicht vorhaben – wie in der Liebe. Das ist einer der wichtigsten Gründe, warum manche Menschen auf eine Lebenspartnerschaft gänzlich verzichten. Sie kommen mit den – unvermeidlichen – Verletzungen in einer Beziehung nicht zurecht. Weil ein falsches Wort zur falschen Zeit immer wieder alte Wunden aus der Kindheit aufreißt.

In der Hitze des Gefechtes, wenn wir uns streiten, sagen wir alle einmal etwas, was wir später bereuen. Sich dann zu entschuldigen ist die einfachste Art, den Frieden wiederherzustellen. Dazu reicht ein einfaches „Entschuldige bitte!" schon aus. Das geht nicht nur schnell, es wirkt auch sofort: Die Stimmung in der Beziehung wird besser. Das ist natürlich keine Einbahnstraße. Auch der Partner kann sich auf diese Art entschuldigen.

||| **Ein Schritt auf den anderen zu**

Eine ehrlich gemeinte Entschuldigung ist ein großer Schritt auf den anderen zu. Sie schafft neues Vertrauen. Und wenn die Stimmung wieder besser ist, dann steigt auch die Lust auf mehr Nähe. Das ist auch daran zu spüren, dass ein Paar jetzt wieder anfängt, sich in die Augen zu schauen und sich zu berühren.

Entschuldigen Sie sich – dieser Rat gilt auch für Ines und Markus. Ines hat sich bei ihrer Bemerkung über den stehen gelassenen Teller im Ton vergriffen. Was also spricht gegen eine Entschuldigung für den ruppigen Ton? „Tut mir leid, dass ich gleich so aufgebracht war." Auch Markus war bei seiner Entgegnung ziemlich unhöflich. Was spricht dagegen, sich dafür zu entschuldigen? „Tut mir leid, dass ich dich so angefahren habe."

Entschuldigen – aber ehrlich

Sich nach einem Streit zu entschuldigen ist immer eine gute Idee. Doch Vorsicht: Alleine aus taktischen Gründen eine Entschuldigung vorzubringen, zum Beispiel um den anderen zu besänftigen, hilft nicht. Denn für die Entschuldigung gibt es eine Regel: Entschuldigungen sollten immer ehrlich gemeint sein. Denn genauso wichtig wie das, was Sie sagen, ist Ihre innere Haltung. Wenn Sie denken „Es war völlig richtig, dass ich sie als naive Gans bezeichnet habe", dann hilft auch die wortgewandteste Entschuldigung nicht weiter. Im Grunde ist die innere Einstellung sogar noch wichtiger als das, was Sie sagen. Eine Entschuldigung sollte also niemals aus taktischen Gründen erfolgen. Sie sollten immer ehrlich sein. Entschuldigen Sie sich nicht für etwas nur um der lieben Ruhe willen. Fragen Sie sich lieber aufrichtig, welche Äußerungen Sie – jetzt, im Nachhinein – wirklich bedauern.

Sich für die Folgen entschuldigen

Nun kann es aber sein, dass Sie sich keiner Verfehlung bewusst sind. Kein scharfer Ton, kein unangemessenes Wort, an das Sie sich erinnern können. Sie haben lange nachgedacht, doch da ist nichts. Wenn Sie rein gar nichts finden, wofür Sie sich entschuldigen mögen, dann können Sie ausnahmsweise einmal etwas von den Politikern lernen. Die entschuldigen sich nämlich oft nicht für das, was sie getan oder gesagt haben, sondern für das, was sie mit ihren Taten oder Worten angerichtet haben. Ein Beispiel: „Es tut mir leid, dass du dich so verletzt gefühlt hast." Auch solch ein „Es tut mir leid!" wirkt oftmals wahre Wunder an Stimmungsverbesserung.

Apropos versöhnen! Was machen eigentlich Ines und Markus? Grollen sie etwa immer noch miteinander? Oder haben sie unterdessen einen Weg gefunden, um sich wieder zu versöhnen? Zwischenzeitlich ist einiges passiert. Nachdem Ines wütend gegangen war, klingelte Markus bei seinen Nachbarn, Klaus und Marieke, einem Paar, mit dem sie seit einigen Jahren befreundet sind.

„Wir haben uns gestritten", sagte Markus tonlos. Markus berichtete, wie der Streit verlaufen war. „Sie hat angefangen", sagte er zum Schluss trotzig und schaute zu Marieke hinüber, offenbar in der Hoffnung, von ihr eine Bestätigung dafür zu bekommen, dass er im Recht war.

Marieke tat ihm den Gefallen nicht. „Na und!", gab sie zurück und ihre Augen funkelten. „Zum Streiten gehören immer zwei! Wenn ich genervt von der Arbeit nach Hause komme, dann passiert es mir auch schon mal, dass ich meinen Mann wegen irgendeiner Kleinigkeit anraunze." Marieke schwieg einen Augenblick. „Wahrscheinlich hatte sie auf der Arbeit einen schlechten Tag", schob sie noch nach.

„Wahrscheinlich", sagte Markus und seufzte. Ja, so mit dem nötigen Abstand betrachtet, schien ihm das eine passende Erklärung zu sein.

„Aber ich muss mir das doch nicht gefallen lassen!", verteidigte er sich.

„Nein, natürlich nicht!" erwiderte Marieke. „Ich würde mir so etwas sicherlich auch nicht gefallen lassen. Vielleicht gibt es ja eine andere Möglichkeit, als zurückzuschimpfen", schlug Marieke vorsichtig vor.

„Welche denn?", fragte Markus ganz interessiert.

„Du könntest zum Beispiel zu ihr gehen, ihr in die Augen schauen und sagen: ‚Ich will mich nicht streiten!'", schlug sie vor. „Oder du atmest dreimal tief durch und sagst dann, so ruhig wie du kannst: ‚Ich habe den Teller da stehen lassen. Tut mir leid.' Ich könnte mir vorstellen, dass ihr das den Wind aus den Segeln nimmt."

Markus' Gesichtszüge entspannten sich sichtlich. „Ja, so wäre es wohl wirklich besser", sagte er. Dann dachte er ein wenig nach. „Ich wüsste noch eine andere Lösung", setzte er nach. „Vielleicht so: ‚Ich hatte einen sehr anstrengenden Tag bei der Arbeit und du vielleicht auch. Ich will mich jetzt nicht über einen Teller mit dir streiten. Tut mir leid, dass ich nicht daran gedacht habe.'" An der Stelle machte Markus eine kunstvolle Pause, ehe er mit einer eindringlichen Stimme fortfuhr. „Aber in dem Ton möchte ich nicht auf so eine Kleinigkeit hingewiesen werden. Das tut weh." Jetzt war Markus entspannter. Mit einem Mal freute er sich auf Ines und wollte sich unbedingt mit ihr versöhnen. Gerade einmal zwei Stunden war es her, dass sie sich gestritten hatten und er so wütend auf sie war! Wie elend er sich gefühlt hatte! Jetzt war alles ganz anders. Markus wollte sich eben verabschieden, als es an der Tür klingelte. Es war Ines. „Ist Markus da?", fragte sie. Sie klang zerknirscht. Ihre Wangen glänzten rot. Die Augen waren geschwollen. Markus verabschiedete sich sichtlich erleichtert von Klaus und Marieke. Sie hörten, als sie die Tür schlossen, noch, wie Markus „Entschuldige bitte!" zu Ines sagte. Ines tat das Gleiche. Und dann fielen sich beide erleichtert in die Arme.

Zur Tagesordnung übergehen

Markus und Ines sind seit vielen Jahren ein Paar und haben schon manchen Streit hinter sich gebracht. Sie sind im Laufe der Zeit echte Streitprofis geworden. Die meisten ihrer Auseinandersetzungen waren eher überflüssig – keine Frage. Aber sie haben nun einmal stattgefunden. Kein Grund, sich zu grämen oder in Selbstmitleid zu zerfließen. Es ist passiert – auf ein Neues. Zum Glück wissen Ines und Markus auch ganz genau, wie sie wieder zueinanderfinden. Sie sind also auch Versöhnungsprofis.

Nach einer Auseinandersetzung machen Markus und Ines etwas, was manchen Paartherapeuten befremden würde. Die beiden gehen einfach zur Tagesordnung über. Sie planen den kommenden Tag. Sie erledigen zusammen den Einkauf. Markus kocht Ines einen Tee, den er ihr bringt, während sie die Zeitung liest. Sie küssen sich öfter, nehmen sich in den Arm. Ihren Konflikt aber besprechen sie nicht.

Zur Tagesordnung überzugehen, das bedeutet nicht, still nebeneinanderher zu leben oder gar grummelnd vor sich hinzubrüten. Gemeint sind vielmehr konkrete Schritte, sich dem anderen im Alltag wieder zuzuwenden oder dem anderen durch Gesten der Zuwendung Zusammengehörigkeit zu signalisieren. Das stärkt das Bindungsgefühl und senkt die Ängste vor einer Trennung. Worüber freut sich Ihr Partner oder Ihre Partnerin? Was könnten Sie für ihn oder für sie tun? Was zählt, sind alltägliche Zuwendungen, nicht die Größe der Versöhnungsgeste mit roten Rosen oder gar Diamantringen. Etwas kochen, das er gerne isst. Ihr den Einkauf abnehmen. Ihm über den Rücken streicheln. Ihr ein Kompliment machen.

Signalisieren Sie Zusammengehörigkeit.

Nach einem Streit zur Tagesordnung überzugehen – ein solches Vorgehen bringt das Blut eines jeden Kommunikationsexperten in Wallung. „Aber zunächst müssen die beiden doch miteinander reden!", sagen sie. „Aber wozu denn das?", halte ich dagegen. Glauben Sie mir: Zur Tagesordnung überzugehen ist ein Vorgehen, das sich in der Praxis bestens bewährt hat.

Markus und Ines machen das schon seit Jahren so. Am nächsten Tag oder einige Tage darauf reden sie dann oft auch über den Streit und versuchen sich zu einigen. Oft. Aber beileibe nicht immer. Manchmal lassen Ines und Markus den Streit auch einfach Streit sein – und wenden sich den angenehmen Seiten ihrer Beziehung zu. Was ich für eine ausgesprochen gute Idee halte. Das hat mit den physiologischen, also körperlichen, Folgen zu tun, die das Sich-einander-Zuwenden, das Sich-Entschuldigen, die Berührungen und die Blicke nach sich ziehen. Und diese körperlichen Auswirkungen wollen wir uns jetzt einmal näher anschauen.

Die Physiologie der Versöhnung

Ob Sie sich nach einem Streit nun für eine Entschuldigung entscheiden oder dafür, zur Tagesordnung überzugehen, meinetwegen auch für beides – beide Vorgehensweisen sind deshalb so wirksam, weil sie sich im Einklang mit der menschlichen Biologie befinden. Die gute Stimmung, die

sowohl das eine als auch das andere hervorruft, geht nämlich mit körperlichen Veränderungen einher.

Wer sich gestritten hat, der hat eine hohe Dosis an Stress-
hormonen im Blut, die ihn unter Anspannung setzen und
wenig versöhnungsbereit machen. Das ist der entscheidende
Grund, weshalb Gespräche direkt nach einem Streit oft
nicht viel bringen. Der Körper beruhigt sich anschließend
nur langsam wieder. Hinzu kommt: Die Erinnerung an die
gerade erlebte Auseinandersetzung vermag den Strom der
Stresshormone immer wieder in Gang zu bringen.

Positive Zuwendung als Stresskiller

Was passiert nun, wenn wir uns entschuldigen, wenn Gesten der Versöhnung, Augenkontakt und Berührungen einsetzen? All dies setzt einen wahren Engelskreis in Gang,
eine positive Aufwärtsspirale, bei der ein positives Gefühl
unmittelbar das nächste nach sich zieht. So wie der Streit
ein Paar immer weiter auseinandertreibt, je länger er dau-
ert – ein echter Teufelskreis eben –, so wirken positive
Zuwendungen auch körperlich als Stresskiller und damit als
Liebesgarant. Sie setzen im Körper eine völlig andere Dyna-
mik in Gang. Der Körper produziert nun Oxytocin, das
auch gerne als Bindungshormon bezeichnet wird. Denn es
kommt immer wieder ins Spiel, wenn menschliche Nähe
behagliche Gefühle erzeugt. Oxytocin ist mit von der Par-
tie, wenn eine Mutter ihr Neugeborenes stillt. Und Oxytocin strömt durch unsere Adern, wenn wir eine Liebesbe-
ziehung eingehen.

Der Körper, genauer gesagt unser Gehirn, produziert Oxytocin schon bei nonverbalen Annäherungen wie Blicken, Berührungen und Umarmungen. Er tut es bei Zuwendungen durch den Partner. Deshalb läuft es nach einem Streit auch dann schon deutlich besser, wenn die Partner anfangen, sich wieder in die Augen zu sehen, sich anzufassen oder in den Arm zu nehmen.

Wir fühlen uns mit dem Partner wieder besser, verhalten uns zugewandter – was die Ausschüttung von Oxytocin durch die Hirnanhangsdrüse, die Hypophyse, erhöht. Die positive Grundstimmung sorgt für noch mehr Gesten der Zuwendung – was die Ausschüttung von Oxytocin wiederum erhöht. Immer nur in kleinen, aber doch spürbaren Mengen. Und ehe wir uns versehen, sind wir wieder so positiv zum Partner eingestellt, dass wir sogar zu einer Versöhnung im Bett geneigt sind. Erstaunlich, wie schnell das alles geht!

Oxytocin für Gespräche

Für Gespräche ist Oxytocin eine wichtige Voraussetzung. Klärende Gespräche, das hat die Forschung nachgewiesen, setzen ein möglichst hohes Maß an Oxytocin, an Bindungshormonen voraus. Denn Oxytocin stimmt den Menschen nicht nur bindungs-, sondern auch kompromissbereit.

Vielleicht interessiert es Sie ja, wie die Forschung diese Wirkung von Oxytocin nachgewiesen hat. Dazu wurden Paare gebeten, einen Streitpunkt im Gespräch miteinander zu klären. Ein Teil der Paare bekam vor dem Gespräch mithilfe eines Nasensprays eine Dosis Oxytocin verabreicht. Die anderen Paare gingen leer aus und mussten ohne eine künstliche Zufuhr des Bindungshormons auskommen. Diejenigen Paare, die Oxytocin bekommen hatten, waren deutlich besser zu einer Einigung in der Lage als diejenigen, die ohne eine Extraportion des Bindungshormons auskommen mussten.

Sex oder reden – was hilft besser?

Wenn es um das Sich-Vertragen geht, sind die Ansichten der Geschlechter oft sehr unterschiedlich. Pauschal gesprochen ziehen Männer und Frauen zwei unterschiedliche Vorgehensweisen vor:

- Sie möchte gerne reden, also über das Gespräch wieder mehr Nähe herstellen.
- Er zieht eine Versöhnung im Bett vor. Wie können die beiden da zueinanderfinden?

Reden hilft

Beide Varianten funktionieren unter bestimmten Bedingungen gut. Reden klappt, wenn jeder ein wenig auf den anderen zugeht. Oder wenn sich jeder für seinen flegelhaften Ton oder ein verletzendes Wort entschuldigt. Reden klappt nicht, wenn einer oder beide Partner dem anderen zeigen möchten, dass er im Recht war. Das Ergebnis solcher Gespräche ist dann nur die Neuauflage des ursprünglichen Streits. Das ist einer der Gründe, warum Männer nach einem Streit nicht gerne reden wollen. Sie fürchten die erneute verbale Auseinandersetzung.

Sex hilft

Auch Sexualität hilft beim Sich-Vertragen. Sexuelle Intimität entspannt die Stimmung, weil sie signalisiert: Wir sind weiterhin ein Paar – auch wenn es Streit gab. Sexualität ist zur Versöhnung – physiologisch – sogar am wirkungsvollsten. Bei der Sexualität – und vor allem beim Orgasmus – werden besonders große Mengen Oxytocin ausgeschüttet. Oxytocin reduziert die im Körper angesammelten Stresshormone und sorgt für eine ausgleichende Stimmung. Beide Partner werden deshalb durch die Sexualität milde und versöhnlich gestimmt. Und beide Partner sind so eher zu einem Kompromiss bereit. Sie haben sich, ganz wie die Versuchspersonen, die Oxytocin mithilfe eines Nasensprays verabreicht bekamen, auf natürlichem Wege mit einer Extraportion Oxytocin versorgt.

Die beste Lösung: der Mittelweg

Reden oder Versöhnung im Bett – beides klappt also. Was aber tun, wenn beide etwas anderes wollen? Vielleicht hilft es ja, wenn wir uns über die Motive der Beteiligten klar werden: Er möchte nicht reden, weil er ein erneutes Konfliktgespräch befürchtet. Stattdessen zieht er körperliche Nähe vor. Sie möchte nach der ersten, zaghaften Berührung nicht gleich mit ihm ins Bett, sondern lieber noch einige mündliche Sympathiebekundungen. Der Mittelweg scheint mir – wie so oft – die beste Lösung: Eine Entschuldigung ebnet den Weg zu mehr körperlicher Nähe. Umarmungen, Berührungen und Küsse sorgen für einen hohen Spiegel an Bindungshormonen. Aus dem verunsicherten, angespannten Paar wird so ein entspanntes Paar, das seiner Liebe wieder sicher ist – so wie Ines und Markus. Die beiden haben sich abends im Bett aneinandergekuschelt und sind zufrieden eingeschlafen. Nein, sie haben nicht miteinander geschlafen. Es ist nicht ihre Art, sich so schnell nach einem Streit im Bett zu versöhnen. Morgen vielleicht.

Schön, dass es den beiden so gut gelungen ist, sich wieder zu versöhnen! Und während Ines und Markus da so liegen und friedlich schlafen, können wir der Frage nachgehen, wie schädlich ein Streit eigentlich für eine Beziehung ist. Alles spricht ja für eine gewisse Friedfertigkeit. Doch so schlüssig das auch klingt und so überzeugend die wissenschaftlichen Ergebnisse sind, die von den Experten geforderte Gefühlskontrolle ist nicht leicht zu erreichen. Und was dann? Müssen wir uns etwa, zusätzlich zu den Problemen, die ein Streit mit sich bringt, auch noch mit einem schlechten Gewissen belasten? Bei all den Argumenten für „Streit ist auch keine Lösung" entsteht leicht der Eindruck, dass jeder Streit in der Partnerschaft schon einen schweren Schaden nach sich zieht. Doch das ist zum Glück ganz und gar nicht der Fall.

Ist Streit grundsätzlich schädlich für eine Partnerschaft?

Die Antwort auf diese Frage klingt ein bisschen seltsam. Sie lautet nämlich: Njein. Das klingt nicht überzeugend, ich weiß. Aber dafür wird uns die Antwort ganz neue Horizonte eröffnen beim Verständnis von Streit und seiner Auswirkungen auf eine Partnerschaft.

Fangen wir mit dem Ja an. Ja, ein Streit ist immer schädlich für ein Paar. Er schadet der Beziehung. Und das wirklich in jedem Fall. Er hat keinen Nutzen, dafür aber einen hohen Preis. Er stellt die Liebe eines Paares in Frage. Er verunsichert beide Partner. Er verbraucht Zeit und Energie, die an anderer Stelle besser eingesetzt wären. Und er verursacht Verletzungen.

Nun aber kommt das Nein und die Nachricht, die es enthält, ist für alle eine gute Nachricht, die sich hin und wieder oder gar häufiger streiten: Nein, ein Streit schadet zwar immer, er schädigt eine Beziehung aber nicht zwangsläufig. Ein Streit alleine ist nicht, oder nur sehr, sehr selten in der Lage, eine Partnerschaft auch zu beschädigen. Auch wenn bei Ihnen monatlich oder sogar wöchentlich die Fetzen fliegen, schädigt das Ihre Partnerschaft nicht zwangsläufig. Und das hat folgenden Grund: Die Folgen eines Streites lassen sich wiedergutmachen.

Das Beziehungskonto

Lassen Sie mich, um das zu erklären, einen Vergleich ziehen: Es ist ein wenig wie bei einem Girokonto. Jeder von uns hat so ein Konto und wenn es gut läuft, dann ist es im Plus. Wenn es aber schlecht läuft – dann ist eine Überziehung nötig.

Nicht anders verhält es sich bei einer Partnerschaft. Läuft sie gut, dann ist die Stimmung im Plus, alle freuen sich aneinander, haben schöne Stunden miteinander und leidenschaftliche Sexualität. Läuft es hingegen schlecht, dann wird das Beziehungskonto überzogen. Es gerät ins Minus.

Eine Partnerschaft gleicht einem Girokonto.

Ein Streit ist eine solche Überziehung, eine drastische sogar, wenn auch nicht die allerschlimmste. Seine Kosten auf dem Beziehungskonto belaufen sich auf, sagen wir: 1.000 Euro. Ein Problem wird daraus erst, wenn Sie sich immer wieder streiten, also immer wieder 1.000 Euro abheben, und nie an die Rückzahlungen denken. Es ist wie im wirklichen Leben: Wenn Sie dauernd abheben, aber nur selten oder nie Geld eingeht, dann sind Sie innerhalb kurzer Zeit pleite.

Das ist der Grund, warum Beziehungen manchmal so rasant zu Ende gehen. Ein Partner wird arbeitslos, die Stimmung in der Beziehung wird schlecht und schon drei Monate später steht das Paar vor einem Scherbenhaufen. Nichts geht mehr. Er redet nicht mehr mit ihr und sie nicht mehr mit ihm. Sie spricht gegenüber Freunden nur noch abfällig von ihm. Er übernachtet mittlerweile bei einem Freund. Und alle fragen sich: „Wie konnte das so schnell passieren?" Ganz einfach: Mit Beginn der Krise – und für viele Menschen ist eine Arbeitslosigkeit eine schwere Lebenskrise – hörte einer der Partner auf, das Beziehungskonto zu füllen. Der andere folgt dann oft, weil er gar nicht mehr einsieht, warum er ständig geben soll und nichts dafür erhält. Ein paar Wochen geht das noch leidlich gut. Nach drei Monaten aber ist aus der Beziehung dann die Luft raus.

In Partnerschaften, in denen die Einzahlungen unterbleiben, hat der Streit ein leichtes Spiel. Er entfaltet eine ausgesprochen zerstörerische Kraft. So schlecht, wie sich Menschen fühlen, die mit ihrem Konto bereits bei 20.000 Euro im Minus stehen und die jeden Tag damit rechnen

Streit entfaltet eine zerstörerische Kraft.

müssen, dass die Bank ihnen den Zugang zu weiterem Geld verwehrt, so schlecht fühlen sich auch Partner, deren Beziehungskonto bei 20.000 Euro im Minus steht.

Die Basis für die Beziehung schwindet in solchen Partnerschaften und damit setzt eine verhängnisvolle Spirale ein. Jetzt geht es oft gar nicht mehr um Lösungen und Auswege aus den Schwierigkeiten. Jetzt versucht jeder nur noch, seine Haut zu retten. Deshalb gerät die Schuldfrage in den Vordergrund. Niemand von beiden will derjenige sein, der das Ende der Beziehung verursacht hat. Da aber beide kräftig daran mitgestrickt haben, müssen auch beide ihre Anteile an der schwierigen Situation leugnen. Der andere ist schuld – das ist der feste Glaube in dieser Phase.

Das Positive stärken

Es ist also nicht das Streiten an sich, das eine Beziehung zwangsläufig in eine Schieflage geraten lässt. Es ist vielmehr das Ausbleiben der positiven Einzahlungen auf das Partnerschaftskonto, das eine Partnerschaft ins Trudeln bringt. Ein Streit alleine oder mehrere Streite richten zwar Schaden an, ein dauerhaftes Problem für eine Partnerschaft wird daraus aber erst, wenn sich beide Partner ob all der Probleme, die sie miteinander haben, nicht mehr um die Einzahlungen kümmern. Da funktioniert ein Partnerschaftskonto nicht anders als ein wirkliches Girokonto auch. Bleiben die Einzahlungen aus, dann sperrt die Bank den Zugang zum Konto.

Weiter gehen die Parallelen zum realen Wirtschaftsleben aber nicht. Den wohl größten Unterschied gibt es bei der Höhe der Überziehungszinsen. Auch da sind Banken ja bekanntlich nicht gerade zimperlich. Warum auch, wenn sich doch so der eine oder andere Euro verdienen lässt! 15 Prozent Überziehungszinsen gelten in Deutschland zurzeit als normal. Partnerschaftskonten sind in dieser Beziehung deutlich teurer. Sie fordern von uns glatte 500 Prozent! Und das nicht etwa pro Jahr, sondern auf der Stelle. Sofort!

Das ist jedenfalls das Ergebnis der jahrelangen Forschungen von John Gottman. Der amerikanische Psychologieprofessor und Paartherapeut leitet in Seattle ein Ehelabor, in dem er Partnerschaften auf den Prüfstand stellt. Regelmäßig kommen dort Paare zum Beziehungsstreit zu ihm. Er filmt sie dabei, um später neben der Wortwahl auch ihre Mimik auswerten zu können. Er verkabelt sie auch, um körperliche Reaktionen wie Veränderungen des Hautwiderstandes oder einen erhöhten Puls festzustellen.

Seit mehr als dreißig Jahren forscht John Gottman nun und seine Erkenntnisse ermöglichen es ihm, die langfristige Haltbarkeit von Partnerschaften mit einer Sicherheit von über 90 Prozent vorherzusagen. Auch John Gottman hat sich natürlich mit dem Streiten beschäftigt. Und er hat dabei eine interessante Entdeckung gemacht: Sich zu streiten schwächt eine Partnerschaft vor allem dann, wenn das Verhältnis der positiven Erlebnisse und der negativen Erlebnisse mit dem Partner schlechter ist als 5 zu 1.

Oder anders ausgedrückt: Für jeden Streit und jedes böse Wort bedarf es der fünffachen Anzahl an positiven Erlebnissen, Handlungen und Äußerungen des Partners, um eine Beziehung im Lot zu halten. 500 Prozent eben.

John Gottmans Erkenntnisse werfen ein interessantes Licht auf das Thema Beziehungsstreit und beleuchten einen Aspekt, der von vielen Paarexperten und Ehetherapeuten nicht genug wahrgenommen wird. Sie kümmern sich nämlich oft allzu sehr um das Negative in einer Beziehung, um die Streite, um die Anlässe für die Streite. Und dann suchen sie nach möglichen Lösungen.

John Gottmans Formel aber legt nahe, dass es noch eine ganz andere Möglichkeit gibt, Partnerschaften zu betrachten. Wenn es die positiven Erlebnisse sind, die einen Streit wieder ausgleichen können, könnte es dann sein, dass es

Paaren mehr hilft, sich auf die angenehmen Seiten ihrer Beziehung zu konzentrieren und diese zu stärken? Vieles deutet genau darauf hin. Sich zu streiten mag zwar unangenehm sein. Und sich zu streiten ist ganz sicher kein Ausweis seelischer Reife und auch kein Nachweis eines gelungenen Umgangs miteinander – aber ein Streit ist mit Sicherheit auch keine Katastrophe. Das ist die gute Nachricht. Um eine wirklich gute Beziehung zu führen, muss niemand Streit um jeden Preis vermeiden. Eine gute Beziehung ist möglicherweise ganz einfach eine Beziehung, in der jeder der Partner versucht, mehr auf das Beziehungskonto einzuzahlen als der andere.

Ein Streit ist keine Katastrophe.

Gleichen sie Ihr Konto aus!

„Gleichen Sie Ihr Konto aus!" ist eine wichtige Devise für glückliche Paare. „Halten Sie Ihr Beziehungskonto im Plus" wäre eine andere Variante. Wie sehen Einzahlungen im Beziehungsleben nun aber aus? Einzahlungen auf das Partnerschaftskonto bestehen aus positiven Zuwendungen aller Art. Das kann ebenso ein gutes Gespräch sein wie ein großer Gefallen, den ich dem anderen tue, eine nette Überraschung oder ein kleines Dankeschön. Ein Kompliment. Ein interessiertes Zuhören. Ein bewundernder Blick. Es zählt einfach alles, was dem anderen Anerkennung, Bewunderung und Bestätigung zukommen lässt. Und alles, was die wohlwollenden Gedanken über ihn bestärkt. Das sind Gedanken an die positiven Seiten des Partners. Schon wer nur an die Dinge denkt, die er an seinem Partner schätzt, stärkt nachweislich seine Beziehung. Wer das dann auch noch sagt, der hat wiederum auf sein Partnerschaftskonto eingezahlt.

Das alles klingt einfach und ist es für viele Paare doch nicht. Sie vernachlässigen die positiven Seiten der Beziehung. Sie vernachlässigen das Einzahlen auf ihr Partnerschaftskonto. Sorgen Sie also für laufende Einzahlungen auf Ihr Partnerschaftskonto. Wer das tut, der kann möglichen Streiten gelassener begegnen.

Was ein Streit ist, das wissen Sie nun. Sie wissen außerdem, wie Sie sich gut wieder vertragen können und dass der Blick auf das Positive, auf Ihre Einzahlungen wichtiger sein kann als das Starren auf mögliche Streitereien.

Es ist schon seltsam: Alle Welt will dringend wissen, wie man bei einem Streit der Sieger sein, seine Meinung gut vertreten und den anderen von seiner persönlichen Meinung überzeugen kann. Wir wollen uns durchsetzen. Dabei ist es doch viel angenehmer, uns gar nicht erst zu streiten, keine heftigen Vorwürfe zu äußern oder zu hören zu bekommen – und trotzdem das zu erhalten, was wir uns wünschen.

Im zweiten Teil des Buches erfahren Sie, wie das geht. Denn es gibt sie tatsächlich, die Tipps, wie es gelingt, sich in einer Partnerschaft nicht zu streiten. Erstaunlicherweise sogar in großer Zahl. Doch kaum jemand interessiert sich für sie. Wir alle möchten wohl doch lieber der Sieger sein, als erst gar nicht zu streiten.

Ist es möglich, den Partner zu ändern?

Das ist nun ganz ohne Zweifel die Frage, die beinahe alle Paare beschäftigt. Einerlei ob Sie ein Mann sind oder eine Frau. Einerlei ob Sie nur hin und wieder mit Ihrem Partner, mit Ihrer Partnerin hadern oder aber oft: Die Frage, ob der Partner zu verändern ist, treibt uns alle um.

Solange der Partner sich verhält, wie wir es uns vorstellen, ist die Beziehungsharmonie nicht gefährdet. Streit und Auseinandersetzungen beginnen erst dann, wenn der andere sich anders verhält als erhofft, wenn er andere Dinge sagt als von uns angenommen oder wenn er andere Entscheidungen fällt als von uns erwartet.

Phasen einer Liebe

Verliebtsein

In der ersten Phase einer neuen Liebe, während der Verliebtheit, ist das in aller Regel noch kein Problem. Die starke Rauschwirkung der Verliebtheitshormone lässt uns beinahe alles, was der andere tut, als wunderbar, großartig und bewundernswert erscheinen. Sich zu verlieben ist ja auch eine tolle Sache!

Das haben auch Ines und Markus so erlebt, als sie sich vor fünf Jahren bei einem Freizeittreff kennenlernten. Schon bei ihrer ersten gemeinsamen Wanderung fühlen sie sich sehr zueinander hingezogen. Wie Ines den Kopf leicht schief legt, wenn sie unsicher ist, das entzückte Markus vom ersten Augenblick an. Und wie Markus ihr ganz aufmerksam Taschentücher für ihre schniefende Nase anbietet, das gefällt Ines ausgesprochen gut. Schon bald verabreden sie sich auch zu zweit. Und bereits nach drei Treffen sind die beiden hell entflammt.

Die Hormone übernehmen jetzt die Regie. Hormonkaskaden überfluten den Körper. Glückshormone wie Dopamin und Serotonin. Das Bindungshormon Oxytocin. Sie alle trüben den Blick für die Unterschiede, für Gegensätze und Widersprüche und für die Folgen, die sich hieraus für eine Partnerschaft ergeben können. Alles, was der andere tut, macht ihn begehrenswert und interessant. Alles ist

Die Hormone übernehmen die Regie.

großartig. Nicht der Hauch eines Unterschiedes zwischen den Partnern ist zu spüren. Sie denken gleich. Sie fühlen gleich. Sie interessieren sich für die gleichen Dinge. Sie lachen über die gleichen Sachen.

„Nein, was für ein Mann! Dass es so etwas gibt, ich hätte es nicht gedacht!", schwärmt Ines ihrer Freundin Renate vor. Die denkt sich ihren Teil – und sagt nichts.

„Sie ist so anders als meine Ex! Nie gibt es Streit oder ein böses Wort!", erzählt Markus all seinen Freunden. Dabei gerät er regelrecht ins Schwärmen. Die hören nur zu und nicken zustimmend. Sie wissen: Verliebten kann man nicht widersprechen. Es ist wie die Wassersuche mitten in der Sahara. Kurz: aussichtslos.

Der andere ist anders

Später dann, wenn die Hormone und ihre Wirkung nachlassen, kommen wir zur Besinnung. Das kann eine ganze Weile dauern, denn ein bis zwei Jahre hält diese Berieselung mit hormonellen Glücksgefühlen in der Regel an. Irgendwann aber ist unweigerlich Schluss. Die rosarote Brille hat dann ihre Funktion erfüllt. Sie hat zwei Menschen geholfen, die natürliche Angst vor einer dauerhaften Bindung zu überwinden. Manchmal erkennen die Partner dann schwer schockiert, was Freunden und Bekannten des Paares schon lange klar ist: Die beiden sind nicht in allen Belangen einer Meinung. Sie sind unterschiedlich. Sie haben unterschiedliche Ansichten (weniger schwierig). Sie haben unterschiedliche Angewohnheiten (kompliziert). Sie haben unterschiedliche Herkunftsfamilien, aus denen sie Werte, Normen, Vorstellungen und Angewohnheiten mitbringen (auch kompliziert). Und sie haben unterschiedliche Charaktere (sehr schwierig).

„Ich kam nach Hause und er wollte mir einfach nicht zuhören. Verkriecht sich einfach hinter seiner Zeitung – so kenne ich ihn gar nicht!", beklagt sich Ines eines Tages bei Renate. So weit die Version von Ines. Und was sagt Markus dazu? „Kann sie mich nicht auch einmal in Ruhe lassen, wenn ich gerade von der Arbeit komme?", beklagt er sich ganz empört bei seinen Freunden.

Der andere ist anders! Nun haben es Ines und Markus bemerkt. Der andere ist anders, als wir ihn uns wünschen, er verhält sich anders als von uns erwartet. Die Frage, die sich jetzt aufdrängt, lautet: „Wie bringe ich ihn dazu, seine Haltung zu ändern?" Oder anders ausgedrückt: „Wie ändere ich meinen Mann?", „Wie ändere ich meine Frau?"

Dein ist mein ganzes Herz!

Viele Psychologen halten dem Wunsch, den Partner zu verändern, entgegen, dass Partner sich nicht ändern lassen. Liebe setze voraus, dass wir den anderen so akzeptieren, wie er ist, und dass wir ihn nicht ummodeln wollen. Ich sehe das anders.

||| Ist es möglich den Partner zu ändern?

Meine Antwort: Aber sicher doch! Nur Mut! Klar ist es möglich, dass Ihr Partner oder Ihre Partnerin seine beziehungsweise ihre Haltung ändert, das Verhalten oder die Meinung. Es ist auch nicht anmaßend oder überheblich, sich solch eine Veränderung zu wünschen, sie anzustreben oder sie zu erbitten. Ich halte dieses Ansinnen für absolut normal. Es ist ein fester Teil einer lebendigen Beziehung. Es ist sogar ein unerlässlicher Teil einer Partnerschaft.

Ein Veränderungswunsch an den Partner ist Ausdruck der eigenen Person und der eigenen Bedürfnisse in einer Partnerschaft. Wer seinen Partner grundsätzlich idealisiert und ihn einfach so lässt, wie er ist, der ist auf dem besten Weg, seine Beziehung in eine gefährliche Sackgasse zu manövrieren. Wer nicht weiß, was er an seinem Partner gerne verändern möchte, der kennt sich selbst nicht. Wer nicht weiß, was er an seiner Partnerin ändern möchte, dem fehlt der Mut, zu sich und seinen Bedürfnissen zu stehen. Mangelnde Selbstkenntnis und mangelnder Mut, auch einmal klar und deutlich „Ich" zu sagen, sind zwei sichere Sargnägel für eine Partnerschaft. Sie garantieren das Aus. Kommt es heute nicht, dann kommt es morgen. Aber es kommt in jedem Fall.

Wenn der erste Streit auch schon der letzte ist

So war es auch bei Monika. Die 52-jährige Zahnärztin hat in ihrem Leben schon einige Partner kommen und gehen sehen. Waren es acht? Oder zehn? So ganz genau weiß sie es selbst nicht. In einem aber ist sie sich sicher: Es waren zu viele! Sich ewig und immer wieder an einen neuen Partner zu gewöhnen, voller Hoffnungen auf eine wunderbare gemeinsame Zukunft, Hoffnungen, die am Ende doch wieder enttäuscht werden – das alles hält das Gemüt eines Menschen nur ein Zeit lang aus. Irgendwann aber ist Schluss und es sagt sich: Ich will nicht mehr! Das soll mir nicht noch einmal passieren!

Genau an diesem Punkt ist Monika jetzt angekommen. Sie kann und will nicht mehr nach einem neuen Lebenspartner suchen. Ihre Hoffnung ist gering, dass es beim nächsten Mal besser ausgeht als in der Vergangenheit. Also hält sie inne und fragt sich, was sie anders machen kann. Wie bisher, das ist ihr klar, kann es nicht weitergehen. „Seltsam ist nur", meint Monika, „dass meine Beziehungen beinahe immer drei Jahre lang dauerten." Seltsam ist aber auch, dass sie sich immer wieder den gleichen Typ Mann suchte. Männer, die ganz entspannt die Füße hochlegten und die Sonne genossen, während Monika überlegte, was als Nächstes zu erledigen war. Der Abwasch! Die Fenster putzen. Die Wäsche!

Warum ist das alles so? Warum hielten Monikas Beziehungen immer drei Jahre? Und warum endeten sie alle gleich, in einem großen, großen Krach? Weil Monika sich in der Vergangenheit nicht getraut hat, in ihrer Partnerschaft auch einmal „Ich" zu sagen. Sie passte sich an, erfüllte die ausgesprochenen und unausgesprochenen Wünsche ihres jeweiligen Partners. Ihre eigenen Bedürfnisse, ihre Veränderungswünsche in der Partnerschaft und an den Partner aber stellte sie zurück. Ja, sie nahm sie gar nicht erst wahr. Monika hat in der Vergangenheit in jeder Partnerschaft gleich ihr ganzes Herz hergegeben.

Ein oder zwei Jahre lang geht das gut. Immerhin ist sie ja auch verliebt! Doch dann ist die Luft raus aus der neuen Liebe. Die Strategie „Dein ist mein ganzes Herz!" ist auf Dauer anstrengend, sehr anstrengend sogar. Am Ende ist Monika all dieser Anstrengungen überdrüssig. Sie spürt,

„Wo bleibe ich hier eigentlich?"

dass sie auf diese Weise unter die Räder kommt. Wer sich ununterbrochen an den Partner und seine Vorstellungen anpasst, der wird mit der Zeit ungehalten mit dem anderen. „Wo bleibe ich hier eigentlich?", fragt sich Monika. Was dann noch fehlt, ist der berühmte Tropfen, der das Fass zum Überlaufen bringt. In einem schlimmen Streit voller gegenseitiger Vorwürfe bricht sich der in ihr angestaute Frust Bahn. „Ich habe mich mit jedem Partner im Grunde nur ein einziges Mal gestritten", sagt Monika heute selbstkritisch. „Und das erste Mal war immer auch schon das letzte."

Zu nett sein

Es ist ein wenig so, als kreiste Monika immerzu um den Partner und seine Wünsche, so wie ein Planet um eine Sonne. Das Wohlergehen, die Wünsche und die Bedürfnisse des Partners zählen – nicht aber die eigenen. Der Partner ist wichtig – nicht aber sie selbst. Ihre Wünsche werden verleugnet, unterdrückt oder nicht ernst genommen. Das ist der eigentliche Grund für den Krach, der das Ende ihrer Beziehungen markiert. Wer so lange nur um den Partner kreist, der sammelt über lange Zeit Unzufriedenheit mit dem Partner an. Er setzt seine ganze Energie darein, nicht unzufrieden mit dem anderen zu werden, nicht zu streiten, um nicht wieder zu scheitern – und steuert das Schiff seiner Liebe doch umso sicherer in den Abgrund.

Monika ist, um es mit den Worten der Bestsellerautorin Sherry Argov („Warum die nettesten Männer bei den schrecklichsten Frauen bleiben … und die netten Frauen verlassen") zu sagen, zu ihren Partnern zu nett. Zu nett ist eine Frau nach Meinung von Sherry Argov dann, wenn sie sich einem Mann zu sehr anpasst, wenn sie ihre Hobbys aufgibt,

Freundschaften vernachlässigt und unablässig hofft, dass er anruft und Zeit für sie hat. Klingt anstrengend? Ist es wohl auch, und so suchen diese Männer schon bald das Weite und nehmen eine weniger anhängliche Frau. Eine Frau, die weniger nett ist und mehr zu sich und ihren Bedürfnissen steht. Was die nette Frau natürlich wundert. Sie war ja so nett.

||| Auch viele Männer sind zu nett

Sherry Argov beschränkt das Phänomen des Zu-nett-Seins ausschließlich auf Frauen. Das greift nach meiner Überzeugung eindeutig zu kurz. Nicht nur Frauen sind zu nett. Auch viele Männer haben diese beunruhigende Tendenz, dem anderen zuliebe zu viel von sich aufzugeben und zu wenig „Ich" zu sagen. Mit den gleichen negativen Konsequenzen für ihre Partnerschaft.

Aus Vorwürfen Wünsche machen

Es ist also ganz und gar nicht verkehrt, eigene Ziele, eigene Bedürfnisse und Wünsche in der Beziehung zu verfolgen und damit auch den Partner verändern zu wollen. Wünsche an die Beziehung und an den Partner halten eine Beziehung lebendig. Wünsche zu erkennen und sie zu äußern verhindert das langsame Absterben einer Liebe.

Wünsche an den Partner zu haben, das entlastet eine Beziehung enorm. Was passiert denn sonst? Wer nicht ab und an deutlich „Ich" sagt, wer keine Veränderungswünsche an den Partner hat, der neigt zu Nörgeleien und zu Vorwürfen. Beides keine ausgesprochen partnerschaftsfreundlichen Verhaltensweisen. Monika kennt aus ihren Beziehungen vor allem das Nörgeln. „Ich hatte oft schlechte Laune und habe wegen irgendwelcher Kleinigkeiten an meinen

Wünsche entlasten eine Beziehung.

Partnern herumgenörgelt. Das war aber wohl eher so ein Ersatz für das, was mich wirklich störte."

Wer nörgelt, belastet die Stimmung in der Beziehung unablässig mit dem Gefühl der Unzufriedenheit, ohne allerdings klar zu sagen, was ihn unzufrieden macht und wie sich das ändern lässt. Bleierne Schwere legt sich dann über die Partnerschaft. Nicht nur die Stimmung leidet darunter, auch die Erotik wird beeinträchtigt.

Vorwürfe haben eine ähnliche Funktion. Auch sie sind ein problematischer Ersatz für Wünsche an den Partner. „Nie hast du Zeit für mich!", heißt es dann. Oder: „Warum bin eigentlich immer ich für den blöden Abwasch zuständig?"

Vorwürfe sind ein Angriff. Beinahe reflexartig reagiert der Partner mit einer Verteidigungshaltung. Er reagiert ungehalten, zieht sich zurück. Dabei lässt sich jeder Vorwurf leicht in einen Wunsch umformulieren.

- „Ich würde mich freuen, wenn wir mal wieder essen gingen."
- „Kannst du bitte heute den Abwasch übernehmen?"

Vorwürfe in Wünsche zu verwandeln, das ist eine Übung, die viele Paartherapeuten und -berater mit ihren Ratsuchenden machen. Wer es gelernt hat, Vorwürfe in Wünsche zu verwandeln, der bekommt die bessere, die zufriedenere Beziehung. Das VW-Gesetz nennen Experten deshalb dieses Grundprinzip einer glücklichen Beziehung. Nur dass VW hier nicht für Volkswagen steht, sondern eben für Vorwürfe und Wünsche.

Übung: Den Partner verändern

Ich möchte Ihnen gerne eine kleine Übung vorschlagen, bei der es um Ihre Veränderungswünsche an Ihren Partner geht.

1. Schreiben Sie auf, was Sie in Ihrer Beziehung gerne ändern würden. Machen Sie eine lange Liste. Schreiben Sie auf, was Ihnen einfällt, Wichtiges und Unwichtiges, ganz wie es Ihnen in den Sinn kommt.
2. Fangen Sie in einem zweiten Schritt an, die für Sie wirklich wichtigen von den weniger wichtigen Punkten zu trennen. Am Ende sollen äußerstenfalls sieben Veränderungswünsche übrig bleiben, die Sie als die wichtigen ansehen.
3. Und nun markieren Sie die drei absolut wichtigsten, die, auf die Sie auf keinen Fall verzichten wollen – komme, was da wolle.

Wenn Sie diese drei Schritte hinter sich haben, dann wissen Sie genauer, wie Sie sich in Ihrer Partnerschaft fühlen. Sie wissen genauer, was Sie stört, welche Punkte Sie gerne verändern möchten, wenn es denn möglich ist. Hüten Sie diese Liste wie einen Schatz. Sie ist die Garantie, dass Sie erreichen, was Sie wollen. Es ist Ihre Liste! Zeigen Sie sie auch lieber nicht Ihrem Partner. Sie ist die Grundlage für Ihr ganz persönliches Programm zur Verbesserung Ihrer Partnerschaft.

Solche Listen sind nicht in Stein gemeißelt. Sie fallen sehr unterschiedlich aus, je nachdem, was in Ihrer Beziehung gerade vorgefallen ist. Es lohnt sich also immer mal wieder, eine solche Liste zu erstellen. Gehen Sie bitte nicht davon aus, dass diese Liste Ihre Beziehung zutreffend beschreibt. Es ist Ihr Blick auf das, was in Ihren Augen nicht so läuft, wie Sie es gerne hätten. Diese Auflistung drückt also vor allem Ihre Gedanken, Gefühle, Wünsche und Sehnsüchte aus.

Stellen Sie immer wieder einmal eine Liste auf.

Veränderungen brauchen Zeit

Ich kann Ihnen an dieser Stelle nicht versprechen, dass Sie alle Punkte auf Ihrer Liste auch verwirklichen können. Möglicherweise werden Sie Abstriche machen müssen, jedenfalls, wenn Sie sie gerne mit dem Partner verwirklichen wollen, der zurzeit an Ihrer Seite ist.

Ich kann Ihnen schon gar nicht versprechen, dass es schnell gehen wird mit den angestrebten Veränderungen. Unsere Vorstellungen davon, wie sehr sich ein Mensch verändern lässt, sind in aller Regel hoffnungslos überzogen. Wir glauben, es reiche aus, dem Partner ein einziges Mal zu sagen, dass er doch öfter den Müll mit hinunternehmen soll – und schon macht er das auch gewissenhaft. So einfach ist die Welt leider nicht. Zu Veränderungswünschen in der Partnerschaft gehört das Wissen dazu, dass Veränderungen sehr, sehr langsam vonstatten gehen. Ich rate zu Gelassenheit. Ein Partner, der sich ruck, zuck an Ihre Forderungen anpasst, ist auf Dauer kein guter Partner. Auch Sie selbst sind ja nicht in der Lage, von heute auf morgen Ihre Person umzukrempeln. Veränderungen brauchen Zeit. Selbst wenn wir selbst dringend etwas in unserem Leben verändern wollen, fällt es uns doch oft schwer, unsere Vorsätze in die Tat umzusetzen. Wie viel schwerer ist es dann, solche Veränderungen dem Partner zuliebe anzugehen!

Eines kann ich Ihnen allerdings mit Sicherheit versprechen: Wenn Sie wissen, was Sie wollen, dann haben Sie und Ihr Partner schon jetzt gewonnen. Je klarer Ihnen ist, was Sie erreichen wollen, desto besser sind Ihre Aussichten auf eine befriedigende Partnerschaft. Wer nicht weiß, was er will, ist immer der schlechtere Partner. Er nörgelt herum. Er zieht sich beleidigt zurück. Er streitet sich.

Wer dagegen weiß, was er will, streitet sich weniger. Wer weiß, was er will – und auch etwas unternimmt, um seine Ziele zu erreichen –, der ist der bessere Partner.

Partner ändern sich immer

Seit Jahren schon befasst sich die psychologische Forschung mit der Frage, ob es möglich ist, den Partner zu verändern. Das klare Ergebnis: ja. Es ist sogar beinahe unmöglich, den

Partner nicht zu verändern. Das liegt an der großen Nähe in einer Beziehung. Wir alle neigen dazu, uns das eine oder andere beim Partner, bei der Partnerin abzuschauen. Und dieser seinerseits tut das Gleiche. Das Ergebnis liegt auf der Hand: Partner werden sich im Laufe ihrer Beziehung ähnlicher. Veränderungswünsche an den Partner zu haben und zu äußern ist dazu nicht einmal erforderlich. Dieser automatische Anpassungsprozess funktioniert auch ohne viele Worte. Es ist ja gerade der Sinn einer Partnerschaft, sich vom anderen beeinflussen zu lassen. Wir verändern uns alleine schon durch das Anders-Sein des Partners. Keine Beziehung lässt uns deshalb so, wie wir vorher waren.

Sich in einer Partnerschaft zu verändern ist also ebenso normal wie Veränderungswünsche an den Partner zu haben. Solche Wünsche sind nicht problematisch. Sie sind legitim. Und sie sind hilfreich. Was ist es dann? Was ist der Grund dafür, dass so viele Partnerschaftsexperten energisch davon abraten? Das Problem beginnt ganz woanders. Es beginnt, wenn wir der Überzeugung sind, ein Recht auf Veränderungen zu haben. Der andere soll sich nicht etwa ändern, weil wir es uns wünschen. Wir meinen, einen Anspruch darauf zu haben. Wir sind im Recht! Auf diese Haltung reagiert ein Partner beinahe immer mit Protest. Er fühlt sich unter Druck gesetzt. Es ist eben ein erheblicher Unterschied, ob wir den Partner verändern wollen, verändern möchten, um eine Veränderung bitten – oder ob wir der Überzeugung sind, dass der Partner sich – dalli, dalli, aber flott – verändern muss.

Was kann ich tun, wenn ich im Recht bin und mein Partner das nicht einsieht?

Manchmal sind Fragen vielschichtig. Manchmal gibt es auf sie eine einzige und klare Antwort. Bei dieser Frage ist das anders. Es gibt auf sie gleich zwei Antworten. Die eine ist ausgesprochen kurz, die andere erfordert einige Erklärungen. Fangen wir also mit der kurzen an.

Einfach: Wer ist im Recht?

Mal angenommen, Sie erinnern sich, dass der Zug, mit dem Ihre Schwester ankommt, um 7 Minuten nach 10 Uhr im Bahnhof einfährt, Ihr Partner aber sagt, sie käme 27 Minuten nach 10 Uhr. Und auch er ist sich genauso sicher wie sie. Was nun? Wer von Ihnen beiden ist im Recht? Hat Ihr Partner sich die Ankunftszeit richtig gemerkt? Oder Sie? Das ist ein klassischer Wer-ist-im-Recht-Fall. Zum Glück ist es ganz einfach herauszufinden, wer von Ihnen beiden recht hat. Entweder Sie schauen auf den Fahrplan. Oder Sie gehen ins Internet und suchen dort nach der richtigen Ankunftszeit heraus, bevor Sie losfahren. Oder aber Sie greifen zum Telefon und rufen Ihre Schwester an. Die hat doch wohl ihr Handy dabei! Kein Mensch verreist heute mehr ohne, denn es könnte ja sein, dass die netten Menschen, die man besuchen will, sich nicht mehr erinnern, wann genau der Zug ankommt!

Wer-ist-im-Recht-Fälle führen eher selten zu Streit. Warum auch? Nur einer von beiden kann im Recht sein und wer von Ihnen das ist, lässt sich ohnehin leicht herausfinden. Ein Paar, das sich in solch einer Frage einen heftigen Streit liefert, dem ist vermutlich nicht mehr zu helfen.

Komplizierter: Wer hat welche Bedürfnisse?

Stellen wir uns nun eine ganz andere Situation vor: Sie erinnern sich sicherlich an den ersten Streit von Ines und Markus. Ines wollte reden, als sie nach Hause kam, Markus dagegen unbedingt die Zeitung lesen. Das ist seither immer wieder einmal so gewesen und neulich gab es deshalb sogar einen ziemlichen Krach zwischen den beiden. Das kam so: Ines kam wütend von der Arbeit, weil ihre Kollegin sie übel über den Tisch gezogen hatte. Es ging um das neue Projekt, das der Leiter der Abteilung ihr schon so gut wie zugesagt hatte. Und nun hat es sich die Kollegin an Land gezogen. Ines hat Gesprächsbedarf. Sofort! Markus aber verkriecht sich hinter seiner Zeitung und vertröstet Ines auf später. Er will jetzt nicht reden. Was nun? Ines fühlt sich mit ihrem Anliegen, jetzt sofort mit ihm zu sprechen, absolut im Recht. Seine blöde Zeitung kann doch wirklich warten. Ihr Wunsch, ihm von ihren frustrierenden Erlebnissen zu erzählen, ist wichtiger als sein Wunsch, die Zeitung zu lesen. Das muss er doch einsehen! Sie ist überzeugt: Sie ist im Recht.

Aber aus irgendeinem unerfindlichen Grund ist Markus derselben Überzeugung wie Ines. Auch er meint, im Recht zu sein. Ines lässt nicht locker, Markus auch nicht, ein Wort gibt das andere und schon haben die beiden – wir kennen das ja inzwischen – einen handfesten Beziehungsstreit. Das macht Ines' Lage natürlich nicht einfacher. Jetzt

Beim Streiten ist 1 + 1 = 4.

hat sie Stress mit der Kollegin, die ihr Tag für Tag acht Stunden gegenübersitzt, und Streit mit dem Menschen, mit dem sie einen großen Teil ihrer freien Zeit verbringt. Ihre Probleme haben sich deshalb nicht etwa nur auf zwei erhöht, sie haben sich – gefühlt – auf vier verdoppelt. Beim Streiten ist eins und eins eben nicht zwei, sondern – gefühlt – sogar vier. Und das alles, obwohl Ines ja nun eindeutig im Recht war, oder?

Wenn Ines nun zu mir in die Beratung käme und mich um Rat fragte, wie sie es schaffen könne, ihren Mann davon zu überzeugen, dass sie im Recht ist und nicht er, dann würde sie an diesem Tag die dritte Niederlage einstecken. Denn leider kann ich ihr in diesem Fall nicht zustimmen. Die Situation, mit der wir es hier zu tun haben, ist nämlich keine Wer-ist-im-Recht-Situation. Es handelt sich vielmehr um eine Wer-hat-welche-Bedürfnisse-Situation. Ein ganz anderer Fall also, bei dem es keine Möglichkeit gibt, durch einen Blick ins Internet oder einen kurzen Anruf eine Lösung zu finden.

Die eigene Sicht und die des Partners

Über Wer-hat-welche-Bedürfnisse-Situationen wird in Partnerschaften oft und gerne gestritten. Aber warum eigentlich? Das Ergebnis ist – wir haben es gerade gesehen – absolut unangenehm. Aus einem Problem sind – gefühlte – vier geworden. Der Hauptgrund für diese Streite: Den allermeisten Menschen fällt es sehr schwer, zwischen Wer-hat-Recht-Konflikten und Wer-hat-welche-Bedürfnisse-Konflikten zu unterscheiden. Sie sehen sich und ihr Bedürfnis. Die Sicht des Partners aber sehen sie nicht, können sie nicht sehen, und – auch das kommt vor – wollen sie nicht sehen.

Das gilt nicht nur für die beiden Betroffenen selbst. Auch den Freunden der beiden gelingt das nur in seltenen Fällen. Was passiert denn, wenn Ines nach dem Streit mit Markus eine Freundin anruft und ihr von der Sache erzählt? Was wird diese dazu sagen? Ich habe wenig Zweifel, was dann passiert: Ihre Freundin wird sagen, dass Ines im Recht ist. Dazu sind gute Freundinnen nun einmal da. Sie stellen sich auf ihre Seite. Das fühlt sich zwar gut an, hilft aber leider auch nicht weiter. Denn was machen die Freunde von Markus unterdessen, wenn er ihnen von der Angelegenheit erzählt? Sie fassen sich an den Kopf ob so viel Unverständnis von Ines und bestätigen ihm, dass er im Recht ist. Und damit sind die beiden von einer befriedigenden Lösung noch weiter entfernt als zuvor.

Freunde stellen sich auf Ihre Seite.

Ines und Markus können so weitermachen. Sie können die Zahl ihrer – gefühlten – Probleme noch weiter nach oben treiben, indem sie weiterhin die Überzeugung vertreten, im Recht zu sein. Da bei Wer-hat-welche-Bedürfnisse-Konflikten aber keiner von beiden im Recht und auch keiner im Unrecht ist, treiben sie die Stimmung in ihrer Beziehung durch solch ein Verhalten unaufhörlich in die negative Richtung.

Überzogenes Beziehungskonto

Paare, die in einen Wer-hat-welche-Bedürfnisse-Konflikt verstrickt sind, überziehen in vielen Fällen zu allem Unglück auch noch ihr Beziehungskonto. Denn in so einer Stimmung neigen Partner zu einer ausgesprochenen „Vergesslichkeit", was das Auffüllen des gemeinsamen Kontos angeht. Sie heben zwar ununterbrochen ab, zahlen aber einfach nicht mehr ein. Das hat – Sie wissen es – weitere schädliche Auswirkungen auf die Partnerschaft. Wenn Ines es unterlässt, hin und wieder Einzahlungen auf ihr Partnerschaftskonto vorzunehmen, und auch Markus das angesichts der miesen Stimmung überhaupt nicht einsieht – nun, Sie wissen, was dann passiert. Richtig: Die Beziehung läuft noch schlechter. Die Zahl der – gefühlten – Probleme hat sich jetzt noch einmal verdoppelt, auf nunmehr acht.

Resultat: Machtkämpfe

Nicht nur unterschiedliche Bedürfnisse können in einer Beziehung mit solcher Wucht aufeinanderprallen. Auch unterschiedliche Ansichten und Gewohnheiten von Partnern können zum gleichen Ergebnis führen – wenn sie denn mit der gleichen starren Ich-bin-im-Recht-Haltung vertreten werden. Beinahe alle Lebensfragen können sich zu einem Machtkampf aufschaukeln. Wie viel Geld soll für schlechte Zeiten zurückgelegt werden? Wohin geht der nächste Urlaub – in die Berge oder ans Meer? Welche Schule ist die richtige für die Kinder?

Bei all diesen Fragen können die Vorstellungen zweier Menschen darüber, was richtig und was falsch ist, welche Bedürfnisse also der eine und welche der andere hat, sehr weit auseinanderliegen. Und sie können dies nicht nur. In der Praxis tun sie das in der Tat bei beinahe allen Paaren.

Ich habe die Meinungsverschiedenheit von Ines und Markus jetzt absichtlich etwas zugespitzt. Viele Leserinnen und Leser schütteln da möglicherweise mit dem Kopf und entgegnen: Aber so stur kann doch kein Paar sein! Das Dumme ist nur: Viele Beziehungsstreite – und viele Trennungen – verlaufen nach genau diesem Ich-bin-im-Recht-Muster. Im Recht zu sein hilft in der Liebe nicht weiter. Im Recht zu sein, ist für eine Partnerschaft ein echter Sargnagel. Auf manchem Grabstein einer einst blühenden Liebe steht eine traurige Inschrift: Sie waren im Recht. Denn im Recht zu sein mündet in einen Machtkampf, mit allen seinen Folgen.

Was ist ein Machtkampf?

Ein Machtkampf ist ein zugespitzter Streit. Er ist ein Streit, bei dem jeder über längere Zeit darauf beharrt, im Recht zu sein. Ein Machtkampf ist nicht immer von lauten Streitereien geprägt. Auch leise Bemerkungen, die den anderen treffen, die ihn verletzen sollen, taugen als Mittel. Die Augen zum Himmel verdrehen ebenso.

||| Meine Frau ist verrückt

Ein Machtkampf beruht auf der Verwechselung von Ich-bin-im-Recht-Situationen mit Wer-hat-welche-Bedürfnisse-Situationen (oder Wer-hat-welche-Ansichten). Ein Machtkampf blendet die Sicht des anderen radikal aus. In einem Machtkampf wird die eigene Sicht zur einzigen Möglichkeit. Deshalb hat ein Machtkampf oft noch eine weitere problematische Zutat. Sie lautet: „Meine Frau ist verrückt." Oder andersherum ausgedrückt: „Mein Mann ist ein Zombie." Den Partner schlechterdings für verrückt zu erklären ist eine bequeme Erklärung, die die Frage von Recht und Unrecht mit einem Schlage beantwortet. Der amerikanische Autor Mark Twain hat es einmal spöttisch so ausgedrückt: „Jeder, dessen Meinung von der unseren abweicht, ist als geistesgestört zu betrachten".

Ganz ohne Zweifel gibt es ab und zu Beziehungen, in denen einer der Beteiligten unter massiven psychischen Problemen leidet und eine Beziehung dadurch destabilisiert. Der Partner ist Quartalssäufer. Die Partnerin leidet an Depressionen. Doch das ist die Ausnahme von der Regel. In der Regel befinden sich Partner schlicht in einem heftigen Wer-hat-welche-Bedürfnisse-Streit und finden dafür keine gute Lösung.

Ein Machtkampf kann die Beziehung zerstören

Eine glückliche Partnerschaft lebt von wohlwollenden Gedanken über den anderen, auch und gerade dann, wenn er sich anders verhält als gewünscht. Sie haben das im zweiten Kapitel gesehen. Ein Machtkampf ist das genaue Gegenteil von wohlwollenden Gedanken. Die Gedanken, die mit ihm einhergehen, sind – im besten Fall – abwertend und kritisierend. Wenn es schlimm kommt, dann sind sie sogar voller Verachtung. Beide Partner wollen ganz unbedingt gewinnen. Doch beide erreichen ihr Ziel nicht. Weil es nicht zu erreichen ist. Ein Machtkampf in der Partnerschaft kennt keine Sieger und Besiegte. Ein Machtkampf kennt nur Verlierer. Er ist das genaue Gegenteil einer Win-win-Situation, also einer Situation, in der alle gewinnen und keiner verliert. Er ist eine Situation, in der beide Seiten verlieren werden. Denn die Folgen eines Machtkampfes sind für eine Beziehung immer sehr problematisch. Es fühlt sich nicht nur schrecklich an, in einen Machtkampf verwickelt zu sein, es ist schrecklich. Eine Beziehung, die von einem Machtkampf beherrscht wird, ist unsicher. Sie bietet den Beteiligten keinen Schutz. Jederzeit kann sie zusammenbrechen. Denn die negativen Gedanken über den Partner, mit denen ein Machtkampf einhergeht, unterhöhlen unweigerlich das Fundament einer jeden Liebe.

Das kann auch Ines und Markus so ergehen, wenn sie weiterhin dabei bleiben, dass sie im Recht sind mit ihren jeweiligen Wünschen, Vorstellungen und Bedürfnissen. Wenn Markus also darauf besteht, dass er im Recht ist mit seinem Wunsch, nach der Arbeit zunächst einmal in Ruhe gelassen zu werden. Und wenn Ines konsequent dabei bleibt, im Recht zu sein mit ihrem Wunsch, gleich wenn sie nach Hause kommt, mit Markus zu reden. Beide sind nicht im Recht und haben auch keinerlei verbrieften

Ein Machtkampf kennt nur Verlierer.

Anspruch darauf, das zu bekommen, was sie sich wünschen. Bestehen sie aber darauf, im Recht zu sein, dann sieht ihre Zukunft als Paar trübe aus.

Ehe sie sich versehen, stehen die beiden vor dem Scheidungsrichter und streiten noch heftiger, dann allerdings über ganz andere Dinge. Das gemeinsame Haus. Den Unterhalt. Und die Zahl ihrer – gefühlten – Probleme hat sich unterdessen zunächst auf 16, auf 32 und auf 64 immer wieder verdoppelt, um sich schließlich bei Werten wie 128 und 256 zu stabilisieren. Und das alles nur, weil Ines und Markus im Recht waren!

Einen Machtkampf so schnell wie möglich beenden

Wenn Sie also einmal bei einer Auseinandersetzung fest davon überzeugt sind, im Recht zu sein, und Ihr Partner das absolut nicht einsehen will, dann ist die Wahrscheinlichkeit groß, dass Sie sich mitten in einem Machtkampf befinden. Mein Rat: Beenden Sie einen Machtkampf, so schnell es geht. Stellen Sie sich der Tatsache, dass in Ihrer Partnerschaft gerade unterschiedliche Bedürfnisse und Ansichten mit Gewalt aufeinandertreffen. So wie bei Ines und Markus. Die Sache ist klar: Das, was sie gerne will, ist nicht das, was er möchte. Und umgekehrt. Ein klassisches Patt also. Das klingt im ersten Augenblick vielleicht frustrierend. Ist es aber gar nicht. Denn es enthält den Kern zu einer vorläufigen Lösung: Einigen Sie sich mit Ihrem Partner auf ein Unentschieden.

Ein Machtkampf ist nicht zu gewinnen. Das liegt schon alleine daran, dass ein Sieg des einen beziehungsweise eine Niederlage des anderen eine wichtige partnerschaftliche Regel verletzen würde. Sie lautet: Beide müssen gewinnen. Ines und Markus brauchen für ihren Konflikt eine Lösung, bei der beide gewinnen – sich also möglichst viel von ihren jeweiligen Bedürfnissen erfüllt. Der erste Schritt auf dem Weg dahin ist, die Auseinandersetzung darüber, wer im Recht ist, ruhen zu lassen. Viele Paare machen das ganz intuitiv, wenn sie merken, dass sie im Gespräch nicht vorankommen – dass ein Argument des einen nur ein Gegenargument des anderen nach sich zieht und die Stimmung zunehmend gereizt ist. Die Auseinandersetzung ruhen zu lassen ist eine Erste-Hilfe-Maßnahme, die wahre Wunder wirken kann. Nehmen Sie den Streit-Punkt also einfach von der Tagesordnung. Vertagen Sie ihn.

Streit vertagen

Die Idee des Vertagens ist für Auseinandersetzungen in der Partnerschaft außerordentlich wichtig. Damit ist nicht gemeint, dass Sie das Problem unter den Teppich kehren. Sie sollen und müssen sich auch in Zukunft wieder damit beschäftigen – nur lösen können Sie es zurzeit eben nicht. In der Politik gibt es hierfür eine sehr brauchbare Lösungsformel, die sich auch für den Alltag einer Partnerschaft gut eignet. Sie lautet: „To agree to disagree." Zu Deutsch: „Sich einig sein, dass man uneins ist." In vielen Streitfällen ist diese Form des Vertagens eindeutig die beste Vorgehensweise.

Vertagen heißt nicht, unsere Wünsche aufzugeben, sondern zu akzeptieren, dass sie im Moment noch nicht zu erreichen sind. Das entspannt die Lage in der Partnerschaft. Einen Konflikt zu vertagen mündet am Ende oft in eine gute Lösung. Eventuell ist es ja nur zum jetzigen Zeitpunkt zu schwierig, eine Lösung zu finden. Zu einem späteren Zeitpunkt aber gelingt es vielleicht. Veränderungen brauchen Zeit. Manchmal sogar viel Zeit. Ein Paar, das sich einig ist, uneins zu sein, kann seine Energie darauf richten, wo es sich einig ist. Und auf die Punkte, bei denen eine Einigung leichter möglich ist.

Zu akzeptieren, uneins zu sein, ist oft die beste Lösung.

„Ach, wäre es schön, wenn es eine ganz einfache Lösung gäbe, wie wir unsere Ziele und Wünsche auch erreichen können!", sagen Ratsuchende manchmal. Sie träumen von einem Universalschlüssel, mit dem sich das Herz des Partners öffnen und auf Kompromiss einstellen lässt. Eine Art Zaubertrank, der uns die Erfüllung unserer Wünsche verspricht. Klingt utopisch? Aber vielleicht gibt es das ja wirklich, ein geheimes Rezept, wie der Partner für Änderungen zu gewinnen ist!

Gibt es ein Geheimrezept, den Partner zu Änderungen zu bewegen?

Ja, ein solches Geheimrezept gibt es in der Tat und ich werde es Ihnen in diesem Kapitel auch verraten! Das Geheimrezept glücklicher Paare ist einfach, ja sogar sehr einfach. Und es ist darüber hinaus durchschlagend. Es ermöglicht Ihnen, Ihren Einfluss auf Ihren Partner enorm zu erhöhen. Wenn Sie es anwenden, werden Sie Veränderungen bei ihm erreichen, die Sie in der Vergangenheit nie für möglich gehalten hätten – nicht einmal in Ihren kühnsten Träumen. Und das Schönste: Das Geheimrezept ist nicht einmal schwierig umzusetzen. Es hat auch nur zwei sehr leicht zu merkende Zutaten. Sie lauten:

- Höflichkeit und
- Beharrlichkeit.

Höflichkeit

Höflich zu sein bedeutet, niemals, aber auch wirklich niemals im Leben auf die Idee zu kommen, mit dem eigenen Anliegen im Recht zu sein. Ihr Partner soll sich verändern, ja, aber nur, weil Sie es sich wünschen. Höflich zu sein bedeutet, dass Sie sanfte Wege bevorzugen, um Ihr Ziel zu erreichen. Sie äußern eine Bitte. Wenn Sie erreichen wollen, dass er in Zukunft anruft, sollte es im Büro später werden, dann sagen Sie zu ihm: „Ich habe da ein Bitte an dich. Könntest du dir vorstellen, in Zukunft anzurufen, wenn es bei dir später wird?"

Sie haben einen Wunsch. Wenn es Sie also stört, dass Ihre Partnerin gerne all ihre Sachen – Mantel, Schal, Tasche, Einkauf – irgendwo im Flur oder in der Küche ablegt und dort liegen lässt, dann äußern Sie einen Wunsch: „Ich würde mir wünschen, dass du deine Sachen wegräumst, wenn du nach Hause kommst."

Ihre Höflichkeit äußert sich aber nicht nur in Ihren Worten und Taten. Sie erstreckt sich darüber hinaus auch auf Ihre innere Einstellung. So sind Sie beispielsweise immer der unerschütterlichen Überzeugung, dass Ihr Partner sich redlich bemühen wird, Ihren Wunsch oder Ihre Bitte auch zu erfüllen. Ihnen zuliebe ist er zu Vielem bereit – davon sind Sie zutiefst überzeugt.

Höflichkeit ist auch bei der inneren Einstellung gefragt.

Doch auch wenn er – wider Erwarten – nicht sogleich auf Ihren Wunsch eingeht, geben Sie Ihre Höflichkeit nicht auf. Geht er nicht auf Sie ein, nun, dann wird er ja wohl einen guten Grund dazu haben!

Sie erheben nicht die Stimme, um ihr oder ihm mal gehörig die Meinung zu sagen. Sie erwägen auch nicht, die Augen wütend zum Himmel zu verdrehen, und Sie stoßen auch keine genervten Seufzer aus.

Das alles gilt zumindest für die Zukunft. In der Vergangenheit haben Sie sicherlich das eine oder andere anders gemacht. Aber da kannten Sie das Geheimrezept ja auch noch nicht! Sie haben geschimpft, genörgelt, sich lautstark gestritten – so wie viele Männer und Frauen es in ihren Partnerschaften machen. Damit ist es ab heute aus und vorbei! In Zukunft wenden Sie nur noch höfliche Wege zur Veränderung Ihres Partners an. Und Sie werden sich über die Erfolge freuen, die Sie dabei erzielen.

Rückfälle sind normal

Seien Sie nicht zerknirscht, wenn Sie wieder einmal in alte Gewohnheiten zurückverfallen, mit Ihrem Partner schimpfen, nörgeln oder sich streiten – und so natürlich genau das nicht bekommen, was Sie sich wünschen. Solche Rückfälle in alte Verhaltensweisen sind normal. Immerhin haben Sie es einige Jahre oder Jahrzehnte mit diesen Mitteln versucht. Solche unhöflichen Verhaltensweisen stammen aus Ihrer Vergangenheit. Aber Sie wissen: Die Zukunft ist grundlegend anders. Sie gehört den höflichen Vorgehensweisen und Strategien.

Dabei ist klar: Sie wählen höfliche Verhaltensweisen nicht, weil Sie ein ausgesprochen harmoniebedürftiger Mensch sind. Sie greifen auch nicht dazu, weil Sie sich nicht trauen, mit Ihrem Partner einmal Tacheles zu reden. Nein, das alles ist nicht der Grund. Sie bleiben bei höflichem Verhalten, weil sich sich davon mehr Erfolg versprechen. Höflichkeiten bringen Ihnen viele Vorteile. Ihr Partner ist damit viel eher bereit und in der Lage,

Mit höflichem Verhalten erreichen Sie mehr.

sich auf Sie und Ihre Wünsche einzulassen. Er fühlt sich auf diese Weise geliebt. Sie wissen doch: Wer laufend kritisiert wird, fühlt sich nicht geliebt. Und wer angebrüllt wird, natürlich schon gar nicht. Und warum, bitte schön, sollte er dann kompromissbereit sein? Der Partner, der sich akzeptiert und geliebt fühlt, ist leichter zu Veränderungen zu bewegen – Ihnen zuliebe.

Sie bevorzugen höfliche Verhaltensweisen also, weil sie Sie schneller an Ihr Ziel bringen. Weil Sie so mehr erreichen als auf dem unhöflichen Weg. Weil die Stimmung in Ihrer Partnerschaft auf diese Weise einfach besser ist. Das ist schon alles. Erfolg zählt. Sonst nichts.

Mit Höflichkeit meine ich keinesfalls, dass Sie einfach nachgeben und mal eben auf Ihre Wünsche verzichten sollten. Solch ein Vorgehen ist für den Partner kurzfristig sicher bequem. Er bekommt, was er will. Solch eine Lösung ist aber keineswegs sanft. Und höflich ist sie auch nicht. Sie ist in Wahrheit sogar sehr unsanft und sehr unhöflich – allerdings Ihnen selbst gegenüber.

Beharrlichkeit

Kommen wir zur Beharrlichkeit, dem zweiten Bestandteil des Geheimrezeptes. Unsere Wünsche und Bedürfnisse sind viel zu wichtig, als dass wir sie in einer Partnerschaft einfach mal eben so „vergessen", hintanstellen oder zugunsten des Partners aufgeben sollten. Auch wenn Sie fortan einen sanften und höflichen Ton anschlagen werden, in der Sache bleiben Sie konsequent. Ihre Wünsche sind nun mal Ihre Wünsche. Punkt.

||| **Verlieren Sie Ihr Ziel nicht aus den Augen**

Beharrlichkeit bedeutet, nicht zu verzagen, wenn Sie Ihren Partner um eine Veränderung gebeten haben und feststellen, dass sich nichts ändert. Sie verlieren Ihr Ziel nicht aus den Augen. Sie wissen, was Sie in einer Partnerschaft brauchen, um glücklich zu sein. Und deshalb lassen Sie sich nicht beirren auf Ihrem Weg. Beharrlichkeit bedeutet, dass Sie auch ein drittes oder ein siebtes Mal um das bitten, was Sie haben möchten.

Sie sind nicht stur. Sie wollen nicht mit dem Kopf durch die Wand. Sie sind aber auch nicht einfach nachgiebig und begraben Ihre Wünsche nicht, kaum dass Sie auf Widerstand treffen. Sie meiden diese beiden Extreme und gehen den mittleren Weg. Sie sind beharrlich.

Vielleicht hilft ja ein Beispiel, um zu verdeutlichen, wie ein solch beharrliches Verhalten ganz konkret aussehen kann. Angenommen, Sie tauchen leidenschaftlich gerne. Sie machen kein Tiefseetauchen und stellen auch keine Rekorde auf. Sie haben es bislang noch nicht einmal mit einem Sauerstoffgerät versucht. Nein, Ihre Leidenschaft gilt dem Schnorcheln. Sie gleiten in Ihrem Urlaub gerne schwerelos an der Wasseroberfläche und genießen die Unterwasserwelt unter Ihnen. Und besonders gerne würden Sie das auch einmal an der Seite ihres Partners tun.

Leider gibt es da ein kleines Problem: Er oder sie mag nicht tauchen. Er geht im Urlaub zwar ab und an ins Wasser, planscht ein bisschen herum, schwimmt zur Not auch ein paar Züge und legt sich dann wieder in den Liegestuhl oder in die Hängematte – je nachdem, was der Strand so hergibt. Er mag jedoch nicht tauchen. Und Sie würden das gerne ändern.

Nun ist das Tauchen im Urlaub kein Wunsch, der ganz oben auf Ihrer Liste steht. Sie erinnern sich sicherlich an die Übung „Den Partner verändern" aus dem Kapitel „Ist es möglich, den Partner zu ändern?". Jetzt ist es an der Zeit, mal wieder einen Blick auf diese Liste zu werfen. Vielleicht steht Ihr Wunsch nach gemeinsamen Taucherlebnissen ja nur auf Platz neun oder zehn Ihrer Liste. Das klingt nicht gerade dringend. Aber auch dieser Wunsch verdient es, beachtet und verfolgt zu werden. Denn: Sie sind beharrlich! Doch was genau könnten Sie jetzt tun, um beharrlich zu sein – und gleichzeitig höflich zu bleiben?

Nein, Sie lassen keine Prospekte von Tauchshops diskret im Wohnzimmer herumliegen oder Bildbände von traumhaften Korallenbänken! Sie bringen das Gespräch in den Wochen vor Ihrem nächsten Urlaub auch nicht allwöchentlich auf das Schnorcheln und wie unglaublich toll sie das finden. Das alles wäre nicht beharrlich. Es wäre stur. Damit würden Sie Ihren Partner nur zu einer Verteidigungshaltung reizen. Menschen verändern sich nicht gerne, auch

Ihr Partner nicht. Und ganz im Ernst: Ist es denn wirklich so wichtig, dass er mitkommt beim Schnorcheln?

Sie drohen Ihrem Partner auch nicht mit Scheidung oder damit, im nächsten Jahr mit einem Freund oder einer Freundin zu verreisen. Das wäre die Variante „Mit

Nicht mit dem Kopf durch die Wand!

dem Kopf durch die Wand". Bei einem solchen Vorgehen riskieren Sie den Totalschaden Ihrer Beziehung.

Sie lassen das Thema aber auch nicht einfach ruhen, nachdem Sie es einmal – erfolglos – angesprochen haben. Das genau wäre nachgiebig. In unserem Beispiel mit dem Wunsch nach gemeinsamen Taucherlebnissen scheint vielen Menschen Nachgiebigkeit die beste der bisherigen drei Vorgehensweisen zu sein. Vielleicht denken Sie ja ähnlich. Tatsächlich greifen sehr viele Menschen bei nicht so wichtigen Anliegen bevorzugt zu dieser Variante. Sie geben einfach nach.

Aber die Nachgiebigkeit hat eben ihren Preis. Es ist ja nicht nur das Schnorcheln! Schnell haben Sie an drei oder fünf Punkten Ihrer Liste aufgegeben und wundern sich, dass Sie sich in Ihrer Partnerschaft nicht mehr wohlfühlen.

Bleibt also, als letzte Variante, die Beharrlichkeit. Was also tun Sie? Sie sagen genau einmal im Jahr, dass Sie sich wünschen würden, zusammen mit ihm Schnorcheln zu gehen. Ob Sie das vor, nach oder während des Urlaubs tun, das bleibt Ihnen überlassen. Und im nächsten Jahr machen Sie es wieder so. Sie äußern Ihren Wunsch ein einziges Mal – dann ist Ruhe. Im dritten Jahr folgt eine kleine Änderung des Programms. Denn in diesem Jahr fahren Sie mit Ihrem Partner dorthin, wo er schon lange einmal mit Ihnen hinfahren wollte – in die Berge nämlich – und dort bemühen Sie sich ernsthaft und ohne jeden Anfall von schlechter Laune („Ach nein, nicht schon wieder wandern") oder Kritik („Ich kann diese blöden Berge schon nicht mehr sehen!"), am Bergwandern Gefallen zu finden, dem Lieblingssport Ihres Partners. Im vierten und fünften Jahr machen Sie es wiederum so, wie schon zu Anfang. Sie äußern eine Bitte pro Jahr – mehr nicht. Und im sechsten, sie ahnen es, sind wieder die Berge dran.

Wenn Sie auf diese Weise beharrlich und höflich sind, dann stehen Ihre Chancen ausgesprochen gut, dass Ihr Partner oder Ihre Partnerin eines Tages feststellt, dass Schnorcheln im Grunde eine ausgesprochen angenehme Urlaubsaktivität ist – die er im Übrigen schon immer einmal ausprobieren wollte –, und sich entschließt, mit Ihnen zusammen zu tauchen.

Da haben Sie es sich jetzt aber ganz schön leicht gemacht, könnten Sie nun erwidern. Wegen etwas so Unwichtigem wie dem gemeinsamen Schnorcheln im angenehm warmen Wasser der Karibik streitet sich doch wohl kaum je ein Paar, mögen Sie diesem Beispiel entgegenhalten. Ich teile Ihre Auffassung nicht. Wegen so etwas Unwichtigem streiten sich Paare sogar besonders gerne und besonders intensiv. Paare neigen nämlich dazu, sich eher über weniger wichtige Dinge auseinanderzusetzen als über die wirklich entscheidenden. Sie meiden Konflikte, die in der Rangliste auf Platz eins oder zwei stehen – oder stehen müssten – und streiten sich stattdessen über weniger Bedeutendes. Sie streiten also lieber über die berühmte offene Zahnpastatube – und nicht darüber, dass sie in den letzten Wochen viel zu wenig Zeit füreinander hatten. Sie streiten über herumliegende Jacken, Taschen oder Unterhosen – und nicht über die seltener werdende Sexualität. Und sie streiten über das gemeinsame Schnorcheln – statt über die ungerechte Verteilung der Hausarbeit.

Ich bin also ganz im Gegenteil der Ansicht, dass Paare gerade über eher unwichtige Punkte besonders beharrlich und besonders gerne streiten. Im Übrigen aber haben Sie natürlich recht: Mit meinem Beispiel habe ich es mir in der Tat leicht gemacht. Beiden Beteiligten ist eine Veränderung des bestehenden Zustandes möglicherweise nicht allzu wichtig.

Wie erreiche ich, dass er sich mehr an der Hausarbeit beteiligt?

Wie also lässt sich das Geheimrezept auf einen wirklich wichtigen Punkt auf Ihrer Liste anwenden? Einen Punkt, der es in die Endauswahl gebracht hat, unter die ersten drei? Nehmen wir also einmal an, Sie sind unzufrieden mit der Beteiligung Ihres Partners an der Hausarbeit. Ein ganz heißes Eisen in heutigen Partnerschaften! Emanzipation hin, Gleichberechtigung her – die Realität in bundesdeutschen Haushalten ist nach wie vor trostlos. Frauen erledigen immer noch einen Großteil der Hausarbeit, während Männer schon mit vor Stolz geschwellter Brust durch die Wohnung laufen und sich für wahre Helden der Arbeit halten, wenn sie einmal in der Woche den Abwasch gemacht haben. Einmal in der Woche! Man stelle sich das nur vor!

Diese Zurückhaltung der Männer, wenn es um die Hausarbeit geht, frustriert viele Frauen. Sie ist fürs Putzen zuständig und für die Wäsche sowieso – er nutzt seine Freizeit zum Tennisspielen oder Zeitunglesen. Diese Arbeitsteilung belastet heutige Partnerschaften ganz enorm. In zwei bis drei Generationen werden Männer mit großer Selbstverständlichkeit die

Die heutige Arbeitsteilung belastet Partnerschaften.

Wäsche aufhängen, die Windeln wechseln und das Abendessen kochen. Bis dahin aber müssen sich Frauen notgedrungen darüber klar sein, dass eine befriedigende Beziehung nur zu erreichen ist, wenn sie nicht seiner Teilnahmslosigkeit in Sachen Haushalt nachgeben und den Dreck anstandslos wegmachen.

Für den Fall, dass der Haushalt und die Aufteilung der Hausarbeit nicht auf Ihrer Liste der Veränderungswünsche stehen sollte, so würde ich Sie – wenn Sie eine Frau sind – bitten, sich noch einmal zu überlegen, ob das die Realität in Ihrer Partnerschaft wirklich trifft. Seien Sie beim Beantworten der folgenden Frage bitte ganz ehrlich: Sind Sie zufrieden mit der Verteilung der häuslichen Pflichten? Oder sind Sie es nicht?

Der Unterschied zwischen einer Kleinigkeit wie einem gemeinsamen Schnorchelausflug und der Aufteilung der Hausarbeit ist im Alltag eines Paares gravierend. Über die entgangenen Urlaubsfreuden beim Schnorcheln ärgern Sie sich einmal im Jahr und das vielleicht nicht einmal lange. Was soll's auch! „Gehe ich eben alleine Schnorcheln", sagen Sie sich. „Soll er doch in seiner Liege bleiben und Sonne, Wind und Meeresrauschen genießen – ich tauche alleine!" Über seinen mangelnden Einsatz in den eigenen vier Wänden aber ärgern Sie sich Tag für Tag, Woche für Woche, Jahr für Jahr.

Auch wenn Sie den Ärger mit der Zeit gar nicht mehr deutlich spüren – er nagt doch an Ihnen. Und ihr Unmut hat Folgen! Wussten Sie, dass nach wissenschaftlichen Erkenntnissen Paare, bei denen die Frau unzufrieden mit der Aufteilung der Hausarbeit ist, deutlich seltener Sex miteinander haben als Paare, bei denen die Frau mit diesem Punkt zufrieden ist?

Nehmen wir also an, die ungerechte Verteilung der Hausarbeit steht bei Ihnen auf einem der vorderen Plätze, genauer gesagt, auf Platz zwei. Dann stellt sich die Frage, wie Sie das Problem auf die Tagesordnung setzen können, ohne dass es gleich zu einem unangenehmen Streit kommt, in dessen Verlauf so unangenehme Worte fallen wie „Du bist genauso stinkfaul wie dein Vater!" oder „Du mit deinem ewigen Putzfimmel!". Wie das geht, das erfahren Sie im folgenden Kapitel.

Wie kann ich Probleme ansprechen, ohne dass daraus ein Streit wird?

Höflich und beharrlich bleiben

Sie wollen und werden Ihr Problem auf die Tagesordnung setzen. Aber Sie wollen keinen Streit, Sie sind höflich und beharrlich. Und damit sind Sie auch auf der Höhe der Zeit. Denn die wissenschaftliche Forschung kommt zu dem klaren Ergebnis, dass Höflichkeit in der Partnerschaft bessere Ergebnisse erzielt. Der Grund dafür ist ganz einfach: Menschen können sich nur verändern, wenn sie fühlen, dass man sie grundsätzlich so liebt und akzeptiert, wie sie sind. Das ist auch die Ansicht des Paartherapeuten John Gottman. Wer sich kritisiert und unerwünscht fühlt, der denkt nicht einmal im Traum daran, sich zu verändern. Stattdessen fühlt er sich unter Druck gesetzt und konzentriert sich darauf, sich zu verteidigen. Nach John Gottmann ist es für jeden von uns unmöglich, einen Rat von jemandem anzunehmen, der einen vermutlich nicht versteht.

John Gottman ist wirklich ein ungewöhnlicher Mann. Mit dem amerikanischen Psychologieprofessor möchte manch einer nicht einmal essen gehen. Dann kann es nämlich geschehen, dass John Gottman schon bei der Vorsuppe mitten im Gespräch verstummt. Sein Löffel sinkt auf den Tellerrand, seine Augen schauen ganz versonnen in die Ferne und er lauscht, konzentriert und entrückt zugleich, wie die Frau am Nachbartisch mit ihrem Mann ein Problemgespräch beginnt.

Beim Hauptgericht passiert es schon wieder. Seine Gabel sinkt hilflos herunter. Seine Augen schauen ins Irgendwo. Am Tisch nebenan sitzt immer noch das Paar und unterhält sich in angeregter Lautstärke. Es geht um die Wochenendplanung. Um die Ferien der Kinder. Um den Hund. Die Stimmung ist hörbar gereizt.

Schon beim Dessert steht John Gottmans Urteil fest. Er hat inzwischen genug gehört. Er weiß jetzt, ob das Paar am Nebentisch zusammenbleiben wird oder ob es gleich nach dem Essen zum Scheidungsanwalt fahren könnte, um darüber zu diskutieren, wer das Haus behält, wer das Sorgerecht für die Kinder bekommt und wie hoch die Unterhaltszahlungen sind.

John Gottman ist Forscher, genauer: Partnerschaftsforscher. Um zu einem besseren Verständnis davon zu kommen, wie Partnerschaften funktionieren und wie nicht, beobachtete er viele Jahrzehnte lang Paare. Paare, die frühstücken. Paare, die Zeitung lesen. Paare, die sich streiten. Paare, die einfach nur über scheinbar Belangloses reden. Im Laufe der Zeit lud er Hunderte von Paaren in sein Ehelabor in Seattle ein, um dort ihre Probleme zu besprechen. Er filmte sie bei ihren Unterhaltungen und verkabelte sie vorher, um ihren Puls sowie ihren Hautwiderstand messen zu können. Diese Werte zeichnete er ebenfalls auf. Sie geben ihm sichere

Hinweise darauf, ob einer der beiden Beteiligten gerade ruhig und entspannt ist – oder ob er vielleicht nur äußerlich so wirkt, er also in Wahrheit innerlich angespannt ist oder gar erregt.

In John Gottmans Archiv lagern Hunderte von Videos, auf denen Paare bei solchen Problemgesprächen zu sehen sind. John Gottman hat sie alle analysiert. Über den Verlauf von Auseinandersetzungen in einer Partnerschaft weiß deshalb kaum jemand mehr als er. Außerdem verfolgte der Psychologe die Paare über die Jahre auch noch in ihrer weiteren Entwicklung. Er weiß genau, welches der Paare in der Folgezeit zusammenblieb, weil ihre Liebe wuchs und gedieh, und er weiß auf der anderen Seite ebenfalls, welche Liebe von den Konflikten zwischen den Partnern erbarmungslos zerrieben wurde.

So ist dem Professor an der Universität von Seattle in jahrzehntelanger Forschung gelungen, was kein anderer vor ihm geschafft hat: John Gottman kann die Haltbarkeit von Partnerschaften vorhersagen. Nach der Analyse eines 60-minütigen Paargesprächs kann er mit 95-prozentiger Wahrscheinlichkeit vorhersagen, ob

Die Haltbarkeit von Partnerschaften ist vorhersagbar.

das Paar in 15 Jahren noch verheiratet ist oder nicht. Wenn er ein Paar nur 15 Minuten lang beobachtet, liegt seine Erfolgsquote immer noch bei stolzen 90 Prozent. Kein anderer Paartherapeut und auch kein anderer Psychologe kann so sicher sagen, ob ein Paar zusammenbleibt oder nicht wie John Gottman.

Einen sanften Einstieg wählen

Zu der Frage, wie man ein Problemgespräch am besten beginnt, hat John Gottman in all den Jahren seiner Forschungen eine klare Überzeugung gewonnen. Sein Rat lautet: Wählen Sie einen sanften Auftakt. Er sollte frei von Kritik und Verachtung sein. Der Grund: Wie John Gottman feststellte, enden Gespräche beinahe immer so, wie sie begonnen haben. Steht am Beginn also eine Kritik, ein Tadel oder eine Abwertung, verläuft das Gespräch auch entsprechend – und endet negativ. Steht am Anfang aber ein Wunsch, eine Bitte oder eine Frage, dann entwickelt es sich ebenfalls entsprechend – und geht mit hoher Wahrscheinlichkeit positiv zu Ende.

„Wir müssen reden!", sagen Frauen gerne, wenn sie mit ihren Männern über irgendetwas sprechen möchten, das in der Partnerschaft gerade schlecht läuft. Ihr Mann war beispielsweise eine Zeit lang muffelig und Sie wissen nicht warum. Seine Socken liegen im Schlafzimmer immer auf dem Boden herum und das stört sie gewaltig. Oder aber, er beteiligt sich Ihrem Gefühl nach nicht genug an der Hausarbeit.

Problemgespräche ohne Vorwurf und Kritik beginnen.

Wenn es darum geht, ein Problem in der Partnerschaft oder eine schlechte Stimmung anzusprechen, dann liegt die Verantwortung dafür in der Regel nach wie vor bei der Frau. Sie ärgert sich oder leidet unter der schlechten Stimmung – er tut so, als sei alles in bester Ordnung. Viele Frauen empfinden es als sehr ungerecht, dass immer sie die schwierige Themen ansprechen müssen – gegen seinen Widerstand.

||| Bitte nicht aufgeben!

Liebe Leserinnen, erlauben Sie mir ein offenes Wort: Sie haben natürlich völlig recht. Es ist ungerecht. Es ist sogar sehr ungerecht! Ich persönlich gebe die Hoffnung nicht auf, dass Männer eines Tages von sich aus Schwierigkeiten in der Partnerschaft ansprechen werden. Ganz souverän und gelassen. Ohne Angst, dass die Fetzen fliegen. Aber bis es so weit ist, kann noch viel Zeit vergehen. Der Fortschritt ist, wenn es um das Geschlechterverhältnis und seine Veränderung geht, eine Schnecke. Manche Veränderung braucht wohl mehr Zeit als die drei oder vier Jahrzehnte, die seit Beginn der Emanzipationsbewegung vergangen sind. In drei oder vier Generationen sind wir hoffentlich weiter.

So lange müssen leider weiterhin Sie als Frau die Sache in die Hand nehmen. Geben Sie sich meinetwegen ein extradickes Lob dafür. Oder klopfen Sie sich auf die Schulter für Ihren Mut und Ihre Umsicht, die Dinge nicht einfach laufen zu lassen, wenn sie gerade schlecht laufen. Oder belohnen Sie sich mit einem schönen Buch oder einem anderen Geschenk. Aber bleiben Sie dabei, die Dinge anzusprechen, wenn es nötig ist. Sonst besteht nämlich die Gefahr, dass sich schlechte Stimmungen in Ihrer Beziehung ansammeln und mit der Zeit zu einem unentwirrbaren Knoten werden. Und am Ende gibt einer von Ihnen auf, will sich trennen oder wird untreu. Lassen Sie es bitte nicht so weit kommen! Ergreifen also auch weiterhin Sie die Initiative, auch wenn es noch so ungerecht ist.

„Wir müssen reden!" – manche Männer reagieren auf diesen Satz, als wenn sie mit übel riechender Jauche übergossen wurden. „Wir müssen reden!" Diese Eröffnung ist alles andere als eine sanfte Eröffnung. Es ist ein Gesprächsbeginn, der Männer Vorwürfe ahnen lässt und schlechte Gefühle. Und mit ihrer Vorahnung haben sie leider in vielen Fällen auch recht. Es kommen Vorwürfe und in ihrer Folge die schlechten Gefühle.

Männer fürchten den Streit. Wo Liebe ist, da ist kein Streit. Wo Streit ist, da ist – im Moment – keine Liebe. Männer fürchten das Gefühl, nicht mehr geliebt zu werden. Alle Schwierigkeiten in einer Partnerschaft lassen sich besser lösen, wenn Menschen sich geliebt und akzeptiert fühlen. Auf dieser Grundlage lassen sich besser Lösungen finden, denn die Bereitschaft zu Kompromissen ist bei den Beteiligten größer. Greifen Sie also bitte zur sanften Eröffnung.

Sie müssen diesen Tipp nicht für sich behalten, sondern dürfen Ihr neu erworbenes Wissen gerne auch mit anderen teilen. Erzählen Sie also ruhig all Ihren Freundinnen und Freunden von den Vorteilen eines sanften Einstiegs in ein schwieriges Gespräch. Erzählen Sie in diesem Fall auch Ihrem Partner oder Ihrer Partnerin davon. Möglicherweise stellt sich heraus, dass er ganz begeistert ist von der Idee des sanften Einstiegs, in Zukunft selbst etwas mehr Verantwortung für Ihre Beziehung übernimmt und seinerseits damit beginnt, Probleme anzusprechen. Wie alle Menschen sind dann bestimmt auch Sie dankbar für einen sanften Einstieg seitens Ihres Partners. Versuchen Sie also, ihn für den gemeinsamen Grundsatz einer höflichen Gesprächseröffnung zu gewinnen. Sie werden schnell merken: Die Gewinner sind Sie beide! Sechs Tipps für den sanften Einstieg sollen Ihnen dabei helfen.

Tipp Nr. 1:
Sich auf das Gespräch strategisch vorbereiten

Fragen Sie sich zunächst einmal: Was genau wollen Sie erreichen? Was ist Ihr Ziel? Es reicht ja nicht, dass Sie ein unverbindliches Gespräch über den Haushalt führen. Eine Forderung wie „Ich möchte gerne, dass du mehr im Haushalt machst" ist zu allgemein und führt in der Regel zu nichts. Ein bisschen konkreter darf es schon sein. Sie kennen die Arbeiten, die anfallen. Sie wissen genau, wo Ihr Partner sich gerne drückt. Und Sie wissen, welche Arbeiten Sie gerne los wären. Bemühen Sie sich also, einen konkreten Vorschlag zu machen, wie etwa:

- „Könntest du dir vorstellen, Katrin dreimal in der Woche von der Kita abzuholen?"
- „Könntest du den Wochenendeinkauf übernehmen?"
- „Es wäre mir eine große Hilfe, wenn du in Zukunft am Wochenende am einen Tag das Kochen und am anderen das Abwaschen übernimmst."

Zur strategischen Vorbereitung gehört auch, den richtigen Zeitpunkt für ein Gespräch zu finden. Wann ist die Stimmung gut? Wann ist Zeit und Raum für eine halbe Stunde Gespräch? Berücksichtigen Sie dabei bitte auch die alte Erfahrung: Führen Sie keine Problemgespräche nach 21 Uhr.

Bereiten Sie sich auf die Unterhaltung wie auf eine berufliche Teamsitzung vor. Machen Sie – für sich – eine Tagesordnung. Sie sollte nicht mehr als einen oder zwei Punkte umfassen. Begrenzen Sie unbedingt die Länge des Gespräches. Alles über 30 Minuten ist erfahrungsgemäß nicht mehr produktiv. Danach vertagen Sie das Thema.

Nutzen Sie das Bild von der Teamsitzung auch, um sich innerlich auf die richtige Atmosphäre für das Gespräch einzustimmen. Sie beide sind ein Liebespaar, ich weiß. Aber wenn es um das Problemlösen geht, ist es gut, sich klarzumachen, dass ein Paar zu sein auch bedeutet, ein Team zu sein. Sie brauchen – Ihrer Meinung nach – einige Veränderungen in der Zusammenarbeit. Das ist ihr Ziel.

Bereiten Sie sich auf Ihr Gespräch wie auf eine Teamsitzung vor.

Wie gut, dass Sie eine Tagesordnung haben! Sie lassen sich im Gespräch nicht auf andere Themen ein. Sie werden auch nicht wütend. Sie wollen nichts vorwerfen. Sie wollen Veränderungen.

Nun kann es aber sein, dass Sie schon sehr lange unzufrieden sind mit der Verteilung der Hausarbeit und entsprechend ungehalten. Dann fühlen Sie sich möglicherweise zu einem wohlwollenden Gesprächsanfang nicht in der Lage. Wenn das so ist, dann müssen Sie sich – als Vorbereitung auf ein Gespräch – zunächst einmal mit Ihrem Ärger beschäftigen und mit Ihrer Wut.

Tipp Nr. 2: Sich der eigenen Wut stellen

Eine Bemerkung vorweg. Auch wenn Ihnen manchmal eine zornige Bemerkung über seine Zurückhaltung im Haushalt auf der Zunge liegt, auch wenn Sie gerade am liebsten platzen würden vor Wut, machen Sie sich bitte klar: Auf Wut, Zorn und Ärger bei einer Gesprächseröffnung sollen Sie nicht etwa verzichten, weil es verwerflich ist oder weil Sie meiner Meinung nach klein beigeben und Ihre Ziele nicht erreichen sollen. Ich möchte – im Gegenteil – erreichen, dass Ihre Chancen besser sind als in der Vergangenheit, mit Ihrem Anliegen Gehör zu finden. Sie sollen schneller Ihr Ziel erreichen. Und leichter.

||| **Nähe macht uns empfindlich**

Wut, Zorn und Ärger sind verständliche Gefühle, die in beinahe jeder Partnerschaft ab und an vorkommen. Dass sie gerade in Partnerschaften gerne entstehen, hat einen einfachen Grund: Es ist die große Nähe in einer Beziehung, die uns so empfindlich macht. Nirgendwo ist die Gefühlsdichte so groß wie in einer Partnerschaft. Nirgendwo sind wir so sehr gefühlsmäßig eingebunden. Und nirgendwo sind wir so verletzlich wie in einer Partnerschaft.

Viele Menschen neigen dazu, Ärger einfach herunterzuschlucken. Das hat Folgen. Es verringert das Selbstwertgefühl. Es macht depressiv. Es führt zu Schweigen. Es führt zur Flucht in den Körper, in Unpässlichkeiten. Keine gute

Lösung, wie ich finde. Besser sind folgende Lösungsmöglichkeiten:

- Reden Sie mit Dritten. Einem Freund oder einer Freundin von der Wut und dem Ärger auf den Partner zu erzählen entlastet.
- Warten Sie ab, bis sich Ihre Wut abgekühlt hat. Und sprechen Sie dann mit Ihrem Partner. Sagen Sie ihm ruhig, dass Sie wütend waren, und erklären Sie ihm auch, warum. Sagen Sie ihm genau, wie Sie sich fühlen, wenn er seinen Anteil an der Hausarbeit nicht erledigt.

Bemühen Sie sich dabei um einen nicht anklagenden Tonfall. Vergessen Sie nie, dass Diskussionen erfolgreicher verlaufen, wenn Sie sich auf das konzentrieren, was Sie fühlen, als wenn Sie Ihren Partner beschuldigen. Je ruhiger und bestimmter Sie auftreten, desto besser. Sie können beispielsweise sagen:

- „Ich finde es ungerecht, dass du jede Woche deinen Sportabend hast, und ich komme vor lauter Hausarbeit nicht mal mehr zum Joggen. Ich brauche mehr Zeit für mich!"

Tipp Nr. 3: Schnell auf Unmut reagieren

Warten Sie nicht zu lange damit, ein Thema anzusprechen. Sonst platzen Sie nämlich schon vor Zorn – mit dem bekannten Ergebnis: unsanfter Einstieg – unsanfter Gesprächsverlauf – unbefriedigendes Ergebnis. Und nicht nur für die Lösung Ihres Problems ist Ihr Zorn nicht hilfreich. Er ist auch ein wenig ungerecht. Ihnen mag Ihre Wut ja als angemessen erscheinen. Doch in Wahrheit ist sie es nicht. Sie ist das Ergebnis eines langen Zögerns. Und dafür, dass Sie lange gewartet haben, bevor Sie etwas gesagt haben, kann Ihr Partner nun wirklich nichts.

Tipp Nr. 4: Vorwürfe vermeiden

Vorwürfe lassen sich – Sie wissen es – immer auch als Wünsche formulieren. Das ist grammatikalisch nur eine kleine, unbedeutende Änderung. Auf die Stimmung Ihres Gegenübers und auf Ihr Gespräch mit ihm hat es allerdings enorme Auswirkungen. Beginnen Sie ein Problemgespräch also nie mit einem Vorwurf. Machen Sie es sich immer und immer wieder klar: Ihre Aufgabe in einer Partnerschaft ist es nicht, Ihren Partner, Ihre Partnerin mit Vorwürfen zu konfrontieren. Ihre Aufgabe ist es vielmehr, Ihre Wünsche zu äußern.

Auf Wünsche reagieren Menschen erheblich offener als auf Vorwürfe. Frauen im Übrigen ebenso wie Männer. Sie fühlen sich nicht angegriffen und das macht sie freier, sich mit der Sache selbst zu beschäftigen. Mit der Unzufriedenheit des Partners. Mit dem angesprochenen Problem.

Ich weiß, wir alle sündigen an diesem Punkt unaufhörlich. Wir alle neigen zu Vorwürfen. Muss das wirklich so sein? Ich habe einmal von einem Paar gehört, das verabredet hat, sich jeweils auf einen Vorwurf des anderen hinzuweisen und sich gegenseitig dazu aufzufordern, ihn in eine Bitte umzuformulieren. Eine super Idee!

Ein anderer Vorschlag: Schaffen Sie sich ein Vorwurfssparschwein an und stellen Sie es auf den Küchentisch. Jeder, der einen Vorwurf äußert, muss umgehend fünf Euro hineintun.

Beide Ideen setzen voraus, dass Sie mit Ihrem Partner ein Gespräch über dieses Thema führen und zu einer Übereinkunft kommen. Sie können aber auch ganz alleine aktiv werden, ohne Zutun des anderen: Es reicht, sich vorzunehmen, in Zukunft anders an Partnerschaftsgespräche heranzugehen. Sie wollen keine Vorwürfe mehr äußern – und als Einstieg in ein Gespräch schon gar nicht. Und wenn Ihr Partner auf eine Bitte Ihrerseits mit einem Vorwurf reagiert, dann bitten Sie ihn in Zukunft um einen Wunsch. Das könnte folgendermaßen geschehen:

Bitten Sie Ihren Partner um Wünsche, wenn er Ihnen Vorwürfe macht.

- „Das war jetzt ein Vorwurf. Könntest du das auch als Wunsch oder als Bitte formulieren? Damit würde ich mich viel wohler fühlen."

Tipp Nr. 5:
Herausfinden, wie der Partner den Konflikt sieht

Führen Sie doch einmal ein Gespräch mit einem ganz anderen Ziel – sammeln Sie neue Informationen. Denn Ihre Chancen, zu bekommen, was Sie wollen, sind erheblich größer, wenn Sie wissen, was genau Ihren Partner umtreibt. Versuchen Sie also herauszubekommen, was ihn zu seiner Haltung bewegt. Öffnen Sie sich für seine Sicht.

Entscheidend für die Beziehung ist, dass Sie die Beweggründe hinter der Haltung Ihres Partners verstehen. Sie zu begreifen heißt nicht, die eigenen Wünsche aufzugeben. Doch oft kann erst dann eine Lösung entwickelt werden, wenn beide wissen, was den anderen umtreibt. Wenn Sie auch die Perspektive des Partners in Betracht ziehen, haben Sie eine bessere Grundlage für

Verstehen Sie die Beweggründe des anderen.

einen Kompromiss. Es erhöht die Wahrscheinlichkeit, eine Problemlösung zu finden, die Sie beide befriedigt.

Und: Geben Sie sich bitte schon vor einem Gespräch mit Ihrem Partner zumindest eine positive Begründung für das Verhalten Ihres Partners. Positive Erklärungen sind die beste Grundlage für positive Gedanken.

Tipp Nr. 6: Den Partner um Hilfe bitten

Versuchen Sie es doch einmal mit einem ganz ungewöhnlichen Vorgehen: Beginnen Sie ein Gespräch, indem Sie Ihrem Partner das Problem schildern und ihn dann um Ideen zur Lösung bitten.

- „Ich habe da ein Problem. Kannst du mir vielleicht helfen? Mir ist die Hausarbeit zu viel. Ich komme nicht mehr dazu, auch mal ein Buch zu lesen. Hast du eine Idee, wie wir das ändern können?"

- „In letzter Zeit komme ich gar nicht mehr dazu, mich auch einmal mit einer Freundin zu treffen. Mir wächst der Haushalt manchmal über den Kopf. Was denkst du, wie sich das ändern ließe?"

Den Partner um Hilfe zu bitten ist zwar eine Strategie, ganz klar, aber es ist kein billiger Trick. Denn es liegt ein erheblicher Unterschied darin, ob Sie genau zu wissen meinen, wie sich ein Problem lösen lässt („Wenn du nur mehr tun würdest, dann …"), oder ob Sie Ihren Partner auf das Problem hinweisen – und dann offen sind für Lösungen, die er sich vorstellen kann. Oft sind wir ja in der Partnerschaft so auf das fixiert, was wir bekommen möchten, dass wir völlig „vergessen", darauf zu achten, was der Partner von sich aus geben will. Männer wie Frauen sind im Grunde ausgesprochen hilfsbereite Wesen – nicht alle, aber die allermeisten – und ich könnte mir vorstellen, Ihr Partner gehört ebenfalls dazu.

Fragen Sie also Ihren Partner oder Ihre Partnerin nach Lösungsvorschlägen. Auch wenn Sie es sich gar nicht vorstellen können: In der Regel machen sich Frauen wie Männer umgehend Gedanken über mögliche Lösungen.

Fragen Sie Ihren Partner nach Lösungsvorschlägen.

Vielleicht schlägt Ihr Partner ja vor, eine Putzhilfe zu engagieren. Oder er möchte einen Fensterputzer bezahlen. Oder er will ganz einfach einen Teil der Hausarbeit gänzlich einsparen, indem Sie beide Ihre Ansprüche an die Sauberkeit in Küche und Bad senken. Weniger putzen, seltener kochen. Gut, das ist vielleicht nicht das, was Sie sich vorgestellt haben. Aber zumindest wissen Sie jetzt, welche Lösungen er sich vorstellt. Das ist doch auch schon einmal etwas! Vielleicht überrascht er Sie aber auch mit einem konkreten Vorschlag, welchen Teil der Hausarbeit er bereit wäre zu übernehmen. Bei dem sanften Einstieg, den Sie gewählt haben, halte ich das zumindest nicht für unwahrscheinlich.

Tipp Nr. 7: Eine Entscheidung treffen

Prüfen Sie vor einem Gespräch doch bitte, ob es überhaupt nötig ist. Müssen Sie wirklich Ihren Partner um Entlastung bitten? Müssen Sie sich wirklich mehr Mithilfe im Haushalt wünschen?

Um Ihren Mann dazu zu bewegen, mehr im Haushalt zu tun, ist es unumgänglich, sich mit ihm auseinandersetzen – denken Sie. Doch das ist in Wahrheit nur eine Variante. Die andere ist: Sie entschließen sich, eigenständig zu handeln. Sie treffen eine Entscheidung. Sie entscheiden, welche Arbeiten Sie weiterhin erledigen wollen – und welche nicht. Und diese Entscheidung teilen Sie Ihrem Partner dann nur noch mit. Höflich, versteht sich, und nicht etwa als eine Kampfansage:

- „Ich schaffe es einfach nicht mehr, deine Hemden zu bügeln. Meinst du, wir sollen sie in die Reinigung geben, oder willst du es selbst machen?"

Eine Entscheidung zu treffen – das bedeutet, den Partner zunächst nicht in die Überlegungen mit einzubeziehen. Das hat Vorteile, denn Sie sind auf diese Weise nicht auf sein Entgegenkommen angewiesen. Sie müssen auch kein Problemgespräch mit ihm führen. Sie überlegen sich eine Lösung, die Sie ganz ohne Gespräch und Kompromisssuche selbst realisieren können. Sie entscheiden sich zum Beispiel, bestimmte Dinge in Zukunft nicht mehr zu erledigen, für die Sie in der Vergangenheit zuständig waren.

Sie können auch beschließen, einen Teil der anfallenden Arbeit von einer Putzfrau machen zu lassen. Welchen Weg Sie auch wählen – es ist Ihre Entscheidung. Sie können vorher mit Freundinnen darüber reden, wenn Sie mögen. Häufig klärt sich ja in einem Gespräch leichter, was Sie ändern wollen. Mit Ihrem Partner aber müssen Sie erst sprechen, wenn Sie bereits wissen, was Ihr Ziel ist – wenn Sie eine Entscheidung getroffen haben.

Entscheiden Sie auch grundlegende Dinge.

Jeder von uns hat das Recht, eine Entscheidung zu treffen – auch wenn er in einer Partnerschaft lebt. Das gilt nicht nur für Kleinigkeiten wie den Kauf eines neuen Wandspiegels – der alte war schon recht ramponiert – oder einen Opernbesuch mit der besten Freundin – in die Oper geht er ohnehin nicht gerne. Auch bei grundlegenden Fragen kann eine Entscheidung zu treffen genau die passende Vorgehensweise sein. Ines zum Beispiel war anfänglich unzufrieden mit der Wohnung, die sie und Markus bezogen hatten. Es war ein spießiges Haus mit lauter älteren Herrschaften. Wehe, da stand schon einmal für eine halbe Stunde der Müllbeutel vor der Tür. Gleich klingelte ein Nachbar und verwies auf die „Stolpergefahr". Oder als sie den Ährenkranz zum Erntedankfest an der Tür befestigte: Unverzüglich kam da ein Anruf der Hausverwaltung, einige Mieter hätten sich darüber beschwert. Das unbefugte Anbringen von Gegenständen an den Haustüren sei untersagt, erklärte der Mitarbeiter der Hausverwaltung in unerbittlichem Ton. Und so ging es von Woche zu Woche. „Wie in einer Gruft", sagte Ines oft – und wurde von Monat zu Monat unzufriedener. Sie wusste, hier würde sie nicht glücklich werden. Ihr war aber auch klar, dass Markus Veränderungen hasste. Er ist eben ein bequemer Mensch. Mit Markus eine Diskussion über mögliche neue Wohnungen anzufangen, über infrage kommende Stadtteile und die Vor- und Nachteile eines Umzugs – nein, das war wirklich keine gute Idee. Noch in zehn Jahren würde Ines in ihrem piefigen Haus sitzen.

Ines wählte einen anderen Weg. Sie suchte auf eigene Faust nach passenden Wohnungen oder Häusern. Sie besprach mit zwei Freundinnen die Vor- und Nachteile verschiedener Möglichkeiten, überlegte, was Markus zu einem Umzug bewegen könnte. Sie hatte auch bald eine gute Idee: Wahrscheinlich wäre er für einen Umzug leichter zu gewinnen, wenn die neue Wohnung näher an seiner Arbeitsstelle läge.

Ines schaute sich über Wochen immer wieder neue Objekte an, zunächst einige Wohnungen und dann mehr und mehr auch Häuser. Ein Haus mit Garten, fand sie, wäre doch viel schöner. Einfach war das nicht mit all den Besichtigungen, denn Ines wollte „ihr" Umzugsprojekt ja wirklich bis zum Schluss vor Markus geheim halten. Die eine oder andere Freundin musste für angebliche Treffen zum

Kaffeetrinken herhalten, damit Ines die Zeit fand, sich in Ruhe umzuschauen. Es war eine hektische Zeit für Ines. Doch der Einsatz lohnte sich. Am Ende fand sie ein schönes Haus in einer Siedlung mit vielen jüngeren Paaren. Und die Siedlung lag viel näher an Markus' Arbeitsplatz als die alte Wohnung. Erst ganz am Schluss erfuhr auch Markus von dem ganzen Plan.

Nein, keine Sorge – natürlich hat Ines nicht die Möbelpacker bestellt, ohne vorher mit Markus zu reden. Sie nahm ihn einfach mit in ihr Traumhaus. Markus sah es sich an, sah die Kinder in den Nachbargärten spielen, bewunderte den Garten und die schöne Terrasse. Wie oft hatten beide schon davon gesprochen, dass sie sich irgendwann auch Kinder wünschten. Markus sah sich alles mit strahlenden Augen an. Und dann sagte er nur ein Wort: „Super!" Kaum zu fassen: Markus war begeistert von dem Plan, den Ines ganz ohne viel Gerede in die Wege geleitet hatte. Eine Entscheidung zu treffen war also genau der richtige Weg. Noch heute erzählt Markus diese Geschichte gerne allen, die die beiden zum ersten Mal in ihrem Haus besuchen kommen. Er freut sich dabei sehr, dass Ines die Dinge damals einfach in die Hand genommen hat – und nicht versuchte, mit ihm über einen Umzug zu diskutieren.

Sie haben gesehen, wie viele verschiedene Möglichkeiten es gibt, ein Problemgespräch anzugehen und dabei die beiden Zutaten des Geheimrezeptes, die Höflichkeit und die Beharrlichkeit, zum Zuge kommen zu lassen. Wird es Ihnen auf diese Weise gelingen, gleich im ersten Anlauf ein so schwieriges Problem wie das der Aufteilung der Hausarbeit zu lösen? Gut möglich, aber verlassen würde ich mich nicht darauf. Oft werden Sie Ihren Partner nur zu einem in Ihren Augen kleinen Schritt bewegen können.

Belassen Sie es nicht dabei. Bleiben Sie beharrlich. Sprechen Sie das Thema erneut an. Wann? Wollen sie höflich und beharrlich sein, dürfen Sie bei einem so wichtigen Punkt wie der Aufteilung von Haushaltspflichten nicht ein Jahr warten, bevor Sie erneut das Gespräch suchen. Einen oder zwei Monate können Sie warten. Und dann machen Sie einen erneuten Vorstoß. Bedenken Sie

Aller Anfang ist schwer. Bleiben Sie beharrlich.

bitte: Sie müssen sich beide wohlfühlen in Ihrer Partnerschaft. Und wenn Sie noch nicht zufrieden sind mit den erreichten Lösungen – dann treten Sie eben beharrlich weiter für Ihre Interessen ein und suchen alleine oder gemeinsam mit dem Partner nach Lösungen.

Wie kommt man am besten zu Lösungen?

Um Paare dafür zu gewinnen, sich in Gesprächen nicht ihren Unmut an den Kopf zu werfen, sondern sich vielmehr um Lösungen zu bemühen, haben Experten schon eine Fülle von Vorschlägen erarbeitet. Kein Wunder, sind doch Lösungen das A und O in einer Beziehung. Für Lösungen gibt es eine einfache Grundregel. Sie sollten dem Grundsatz folgen: Beide müssen gewinnen. Deshalb reicht es auch nicht, dass Sie um des lieben Friedens willen oder aus Bequemlichkeit einfach irgendeine Lösung für ein Problem akzeptieren. Eine gute Lösung trägt den Bedürfnissen beider Partner Rechnung. Und um die zu finden, brauchen Sie Zeit.

Beispiel Ines und Markus

So ist es auch Ines und Markus ergangen – nach ihrem Streit um die Frage, ob sein Zeitunglesen vorgeht oder ihr Bedürfnis, sofort über die Probleme bei der Arbeit zu reden. Sie vertagten die Frage zunächst. Einige Wochen später aber suchte Ines erneut das Gespräch mit Markus. Ines wählte den Zeitpunkt für diese Unterhaltung gut aus. Sie entschied sich für das Wochenende, nachdem sie einen Radausflug gemacht hatten. Die Stimmung war sehr entspannt und der Stress der Arbeit für

Finden Sie eine Lösung, bei der Sie beide gewinnen.

beide weit weg. Da sprach sie Markus auf das Problem „Erst Gespräch oder erst Zeitung lesen?" an. Sie begann das Gespräch sanft und schildert Markus das Problem. Sie beschrieb ihm, wie stark sie sich unter Druck fühlt, wenn sie ihre Erlebnisse bei der Arbeit nicht gleich ansprechen kann. Und dann fragte sie ihn um Rat. Eine spannende Situation. Ob Sie es glauben oder nicht: Markus hatte vier Vorschläge.

1. Vorschlag: In den Arm nehmen

Markus könnte sich zum Beispiel vorstellen, Ines in den Arm zu nehmen und eine Weile so festzuhalten. Danach könnte er wieder seine Zeitung lesen, bevor es später dann zu einem Gespräch kommt.

Was wir in schwierigen Situationen brauchen, das ist Zuwendung. Das geht nicht nur mit einem Gespräch, sondern auch wortlos. Markus könnte sich diese Form der Zuwendung gut vorstellen.

2. Vorschlag: Eine Ausnahme vereinbaren

Markus hat noch eine weitere Idee. Er würde auch ausnahmsweise, wenn der Druck für Ines besonders groß ist, einmal gleich zu Beginn des Feierabends einen wichtigen Konflikt mit ihr besprechen. An anderen Tagen dagegen akzeptiert sie sein Bedürfnis nach Ruhe und Entspannung hinter seiner geliebten Zeitung. Er fürchtet, sobald er einmal nachgibt, könnte Ines regelmäßig, schon gleich nach der Arbeit von ihm erwarten, über ihren Tag zu sprechen. Und das will er nicht.

3. Vorschlag: Ein kurzes Gespräch

Markus könnte sich auch vorstellen, dass sie nur sehr kurz miteinander reden. Ines: „Heute war ein schrecklicher Tag." Markus: „Oh, das tut mir aber leid, Schatz." Dann könnten sie beide sich küssen, sich über den Rücken streicheln, und Ines macht sich an die Steuererklärung, um sich abzulenken.

4. Vorschlag: Eine Freundin anrufen

Markus hat noch eine letzte Idee: Ines könnte ja zunächst einmal auch eine Freundin anrufen und bei ihr Dampf ablassen. Später dann erzählt sie ihm von dem grauenvollen Tag.

Dieser Vorschlag von Markus gehört in die Rubrik, eine Entscheidung zu treffen, ein Vorgehen, das Sie aus dem letzten Kapitel bereits kennen. Ines kann diese Variante wählen, ohne Markus überhaupt um Rat zu fragen oder in irgendeiner anderen Form das Gespräch mit ihm zu suchen.

Entscheiden statt reden

Viele Frauen klagen, mit ihren Männern sei nicht zu reden. Ich bin mir nicht sicher, ob das wirklich immer so ist. In vielen Fällen lassen sich Männer mit einer höflichen Ansprache sicherlich für ein Gespräch gewinnen. Trotzdem – nicht in jedem Fall ist Reden überhaupt der richtige Weg, um zu einer Lösung zu kommen. Handeln, also selbstständig eine Entscheidung treffen, die die Situation verbessert, ist manchmal schlicht das bessere Vorgehen. Zumindest ist es immer auch eine zweite Möglichkeit, an die Sie denken sollten.

Und gerade wenn Ihr Partner tatsächlich eher von der schweigsamen Sorte ist und sich nicht einfach in ein Gespräch über Lösungen verwickeln lässt, eignet sich die Strategie, selbst zu entscheiden und so zu einer Verbesserung Ihrer Situation zu kommen. Sie können also auch handeln, wenn er nicht gesprächsbereit oder kompromissfähig ist, ja, Sie sollten es sogar unbedingt tun. Schon alleine durch das Wissen, dass Sie die Situation verändern können, steigt Ihre Stimmung. Das liegt an einer der unveränderbaren Grundeigenschaften unseres Seelenlebens: der Selbstwirksamkeitsüberzeugung. Das ist die Überzeugung eines Menschen, selbst Einfluss auf sein Leben nehmen zu können. Die Selbstwirksamkeitsüberzeugung hat einen großen Einfluss auf unser Selbstwertgefühl. Glauben wir, dass wir etwas bewirken können, steigt unser Selbstwertgefühl.

Ines zum Beispiel hat noch eine ganze Reihe weiterer Möglichkeiten, das Problem „Erst Zeitung lesen oder erst das Gespräch?" ganz ohne Markus' Zutun anzugehen und auf diese Weise ihren Konflikt mit ihm zu entschärfen. Sie kann sich zum Beispiel entscheiden, an Tagen, an denen es bei ihr auf der Arbeit schlecht läuft, zunächst ins Fitnessstudio zu gehen. Oder eine Runde mit dem Fahrrad zu fahren. Bewegung baut Stress ab! Wenn sie dann nach Hause kommt, hat Markus seine Zeitung längst gelesen.

Bewegung baut Stress ab.

Außerdem könnte sie etwas für ihre Entspannung tun und sich gebührend verwöhnen. Kochen fällt an diesen Tagen also aus. Macht Markus es nicht, dann ist eben der Pizzadienst fällig.

Vier wichtige Gedanken

Vier wichtige Gedanken zum Gespräch über Lösungen möchte ich Ihnen gerne noch mit auf den Weg geben:
1. Verständnis signalisieren,
2. Tempo reduzieren,
3. zuhören und
4. an den nächsten Schritt denken.

1. Verständnis signalisieren
Verständnis für den Partner und seine Sicht ist der entscheidende Knackpunkt für jeden Paardialog. Der andere will zuallererst verstanden werden. Ob Sie sich seiner Sicht anschließen, ist dann gar nicht mehr die entscheidende Frage. Sie dürfen auch nach wie vor unterschiedliche Positionen haben.

- „Ich habe verstanden, dass du dich nicht wohlfühlst, wenn ich …"

2. Tempo reduzieren
Verzichten Sie auf allzu schnelle Lösungen. Nehmen Sie sich Zeit.

- „Ich brauche ein wenig Zeit, um darüber nachzudenken."

3. Zuhören

Achten Sie auf die Sicht des Partners. Hören Sie dem anderen gut zu. Wie sieht er die Dinge? Eine Partnerschaft – hat der Tiefenpsychologe Alfred Adler einmal gesagt – setzt voraus, dass wir lernen, mit den Augen des anderen zu sehen und mit den Ohren des anderen zu hören. Wischen Sie also seine Sicht nicht vom Tisch – auch und gerade dann, wenn es nicht die Ihre ist.

4. An den nächsten Schritt denken

Machen Sie sich Gedanken über den nächsten Schritt. Im Grunde unseres Herzens haben wir alle die Vorstellung, dass der Partner sich bei einem Konflikt unserer Ansicht anschließen soll. Das ist nicht realistisch. Es ist, als ob Sie Ihren Partner aufforderten, einen Schritt zu machen, während er an der gegenüberliegenden Seite des Zimmers steht. Das bedeutet dann nicht, dass er die gesamte Wegstrecke bis zu Ihnen zurücklegt. Das ist einfach unmöglich. Einen Schritt zu machen bedeutet, dass er Ihnen ein wenig näher kommt. Und Sie möglicherweise auch ihm. Deshalb ist es – bei aller Unzufriedenheit Ihrerseits – in der Regel zu viel von Ihrem Partner verlangt, sich sofort in der Mitte zu treffen. Ein Schritt ist ein Schritt. Mehr nicht.

Ihre Aufgabe ist es, sich zu fragen, wie dieser Schritt aussehen könnte. Welcher Schritt gefiele Ihnen denn besonders gut? Welcher Schritt fiele Ihrem Partner leicht, welcher schwer? Das sind Fragen, die Sie im Gespräch klären können.

Welche Lösung ist die richtige?

Vielleicht finden Sie es ja erstaunlich, wie viele unterschiedliche Lösungen es für den Konflikt von Ines und Markus um die Frage „Erst Zeitung lesen oder erst das Gespräch?" gibt. Glauben Sie mir: Es gibt noch viele, viele mehr. Wenn Ines und Markus sich darum bemühen, nicht Probleme, sondern Lösungen zu besprechen, werden den beiden sicher noch einige einfallen. Und irgendwann werden sie die für sie passende gefunden haben.

Welche das sein wird? Ups, da erwischen Sie mich aber auf dem falschen Fuß. Ganz ehrlich: Ich habe keine Ahnung. Ein Berater kann Anstöße geben, in welche Richtung ein Paar nach Lösungen suchen kann. Die passenden Lösungen finden kann er aber nach meiner Überzeugung nicht. Das können Ines und Markus viel besser. Nur sie wissen, welcher Umgang mit ihren unterschiedlichen Bedürfnissen wirklich passend ist.

Eine letzte Lösungsmöglichkeit für den Konflikt von Ines und Markus will ich Ihnen nicht vorenthalten. Ines könnte Markus auch vorschlagen, dass sie ihm jedes Mal abends eines seiner Lieblingsgerichte kocht, wenn sie nach der Arbeit dringenden Gesprächsbedarf hat. Liebe geht – jedenfalls für Männer – durch den

Es gibt viele Lösungen für einen Konflikt.

Magen. Ines würde Markus also eine Gegenleistung anbieten für sein offenes Ohr und seine Zuwendung. Kann Markus so einem Angebot ernstlich widerstehen?

Müssen Geben und Nehmen in einer Partnerschaft im Gleichgewicht sein?

Selbstverständlich müssen sich Geben und Nehmen in einer Partnerschaft auf Dauer im Gleichgewicht befinden. Egoistische Naturen haben es deshalb in einer Beziehung ausgesprochen schwer. Sie glauben, dass sie in einer Partnerschaft fordern dürfen, ohne auch geben zu müssen. Das ist aber nicht realistisch. Eine Partnerschaft ist keine Einbahnstraße. Sie funktioniert nicht nach dem Muster: Das steht mir aber zu! Tief in unserem Inneren haben wir alle eine Art Waage der Gerechtigkeit für unsere Partnerschaft. Diese Waage muss sich möglichst oft im Gleichgewicht von Geben und Nehmen befinden. Wer nicht bereit ist, in einer Partnerschaft etwas zu geben, der wird unweigerlich Schiffbruch erleiden.

Sich zu lieben bedeute, nicht aufzurechnen und einfach nur geben zu wollen – so wird die Liebe oft romantisch verklärt. Das ist weniger als die halbe Wahrheit. Sich zu lieben bedeutet, dass beide Partner geben und nehmen. Beide müssen einzahlen auf das

Geben und Nehmen müssen sich die Waage halten.

gemeinsame Partnerschaftskonto – allerdings ohne zu jedem Zeitpunkt kleinlich aufzurechnen, wer wann wie viel einbezahlt hat.

Auf das Partnerschaftskonto einzahlen

Um zu einer dauerhaft stabilen Partnerschaft zu kommen, in der sich die Waage im Gleichgewicht befindet, müssen wir allerdings mehr tun als nur auf ein ausgewogenes Verhältnis von Geben und Nehmen zu achten. Wir müssen regelmäßig etwas mehr auf das Partnerschaftskonto einzahlen, als unsere Partnerin oder unser Partner es tut. Das klingt ein wenig widersinnig. Warum müssen wir mehr geben als nehmen, damit sich die Partnerschaftswaage ausgleicht?

Weil Menschen in Bezug auf die Einzahlungen des Partners einer systematischen Täuschung unterliegen. Wissenschaftlichen Untersuchungen zufolge nehmen wir einige Einzahlungen des anderen schlicht nicht wahr, registrieren gleichzeitig aber aufmerksam, was wir selbst geben. Manche Menschen nehmen Einzahlungen des anderen nur ab und zu nicht wahr, anderen passiert das sogar recht häufig. Das erklärt, wieso in manchen Partnerschaften beide Partner den Eindruck haben, mehr zu geben als zu bekommen. Jeder braucht nur hin und wieder eine Einzahlung des Partners zu übersehen, die der andere jedoch registriert und innerlich dem Partnerschaftskonto gutschreibt, und schon entsteht − gefühlt − in der Partnerschaft ein Ungleichgewicht.

Und das erklärt auch, warum es für die Stabilität und die Zufriedenheit in einer Partnerschaft gut ist, wenn beide Partner die Tendenz haben, etwas mehr zu geben, als sie vom anderen bekommen.

Umgekehrt gilt, dass eine Partnerschaft dann besonders schwierig wird, wenn beide mehr bekommen als geben wollen. Denn eine Partnerschaft verträgt auf Dauer keine Einseitigkeit.

Bedürfnisse tauschen

Eine Variante, zu einem ausgewogenen Geben und Nehmen zu kommen, ist der Bedürfnistausch. Vereinbaren Sie mit Ihrem Partner doch einen Handel. Jeder gibt. Jeder bekommt auch etwas. Sie haben doch sicherlich noch Ihre Liste mit Veränderungswünschen an den Partner aus dem Kapitel „Ist es möglich, den Partner zu ändern?". Tauschen Sie doch Punkte, die Ihnen besonders wichtig sind, gegen Dinge, die Ihr Partner sich wünscht, nach dem Motto „Wenn du regelmäßig den Müll runterbringst," – ein kleiner, aber wichtiger Punkt auf Ihrer Liste – „dann verkneife ich mir meine Bemerkungen über deine Leidenschaft für die Fußballspiele deiner Lieblingsmannschaft". Klingt doch für beide Seiten nach einem guten Tausch, oder?

Die eigene Wunschliste

Nehmen Sie Ihre Wunschliste zur Veränderung Ihres Partners zur Hand und suchen Sie nach Wünschen, die sich Ihrer Meinung nach für einen Tausch eignen. Um solch einen Tausch zu realisieren, müssen Sie Wünsche an den Partner möglichst anschaulich ausformulieren. Was bedeutet es etwa, wenn Sie erreichen wollen, dass Ihr Mann öfter mit Ihnen redet? Was genau hätten Sie gerne von ihm? Diese Veranschaulichung von Wünschen ist sehr wichtig und könnte beispielsweise folgendermaßen lauten:

■ „Ich möchte nach der Arbeit eine Viertelstunde Zeit mit dir haben, um das, was ich dort erlebt habe, mit dir teilen zu können."

Eine solche Formulierung ist konkret. Es ist klar, was Sie wollen. Mit diesem Wunsch können Sie in die Verhandlungen gehen.

Die Wunschliste des Partners

Mit Sicherheit hat auch Ihr Partner eine solche Liste von Wünschen an Sie, auch wenn er sie nicht so nennt, sie ihm nicht einmal bewusst ist. Jeder von uns hat eine solche innere Wunschliste an den anderen. Ihre Aufgabe ist es, auch die Liste Ihres Partners zu kennen. Sie sollten wissen, welche Dinge er gerne ändern würde. Was erhofft er sich von Ihnen?

Was würde Ihr Partner gerne ändern?

Niemand von uns ist begeistert über diese Listen. Denn letztendlich enthalten sie ja Kritik. Wenn der Partner zum Beispiel gerne öfter Sex hätte, lässt sich das leicht als Kritik verstehen. Aber zumindest ist es keine allzu offensichtliche. „Nie schläfst du mit mir!" Das ist eine klare Kritik. „Wir haben zu selten Sex miteinander." Das ist eine Feststellung. „Ich möchte gerne öfter Sex mit dir." Das ist keine Kritik. Das ist ein Wunsch.

Dreimal wird hier ein und derselbe Sachverhalt in anderen Worten ausgedrückt. Sie wissen: Die Wahrscheinlichkeit zu bekommen, was Sie wollen, steigt mit dem Grad der Anerkennung, die Ihr Partner bei Gesprächen mit Ihnen verspürt. Fühlt er sich abgelehnt, bekommen Sie wenig bis nichts. Fühlt er sich angenommen, erreichen Sie mehr.

So tauschen Sie Bedürfnisse

Sie kennen jetzt Ihre eignen Veränderungswünsche. Sie wissen auch, was Ihr Partner will. Prima! Damit sind Sie ein großes Stück vorangekommen. Nun folgt als dritter Schritt der Bedürfnistausch. Welchen Punkt auf Ihrer Wunschliste würden Sie gerne mit einem Wunsch Ihres Partners tauschen? Könnten Sie sich vorstellen, auf seinen Wunsch nach mehr Sex einzugehen, wenn er dafür an anderer Stelle Ihre Wünsche erfüllt? Oder könnten Sie es nicht?

Könnte er sich vorstellen, auf Ihren Wunsch nach mehr Beteiligung an der Hausarbeit einzugehen, und wenn ja, welche Wünsche von seiner Liste möchte er gerne dagegen tauschen?

Der Bedürfnistausch hat eine ganze Reihe von Zielen:

- Er soll Ihre Gespräche ruhiger und gelassener machen.
- Er soll Sie beide darüber informieren, was genau sich der jeweils andere in der Beziehung wünscht.
- Und er soll am Ende natürlich auch zu tatsächlichen Ergebnissen führen. Sie beide sollen schlussendlich mehr vom anderen bekommen und sich so zufriedener in Ihrer Beziehung fühlen.

Lassen Sie sich Zeit bei ihrer Suche nach Tauschmöglichkeiten. Zunächst ist es schon hilfreich, wenn Sie als Paar über Ihre jeweiligen Bedürfnisse miteinander im Gespräch sind. Lösungen dagegen brauchen oft ihre Zeit. Kommen sie nicht heute, dann kommen sie eben morgen. Lassen Sie sich aber auch nicht von Ihrem Arbeitsplan abbringen. Wenn Sie auf Ihre Liste schauen, dann wissen Sie, was Sie wollen. Bleiben Sie beharrlich bei Ihren Zielen.

Die wichtigen oder die unwichtigen Punkte zuerst angehen?

Das ist völlig einerlei. Sie können anfangen, wo Sie wollen. Es hilft allerdings, wenn Sie mit einem Punkt beginnen, der leicht zu lösen ist, an dem Ihr Partner zu einem Entgegenkommen bereit ist. Für Ihre Zufriedenheit in der Beziehung ist es nicht entscheidend, gleich beim problematischsten und für Sie wichtigsten Punkt anzufangen. Wie schwierig Veränderungen sind, wissen Sie wahrscheinlich aus Erfahrung mit verschiedenen Situationen. In anderen Fällen werden Sie vermutlich noch die eine oder andere Überraschung erleben. Möglicherweise ist es gar nicht so schwierig wie angenommen, Ihren Partner zu einem Fernurlaub zu bewegen oder ihn für ein Abonnement für die Oper zu gewinnen. Vielleicht aber kann er sich manches nur schwer vorstellen, das Sie für leichter umsetzbar halten.

Veränderungen können schwierig sein.

Das alles müssen Sie im Gespräch erst einmal herausfinden. Nehmen Sie sich Zeit für solche Gespräche. Sie werden dabei möglicherweise eine Menge über die Vorstellungen und Wünsche Ihres Partners erfahren, was Sie so bislang noch gar nicht wussten. Die Idee des Bedürfnistausches entspannt viele Partner, weil sie sich nicht vor einer Auseinandersetzung fürchten müssen. Es macht den Partner auch neugierig. Er ist offener für Veränderungen und sieht die Chance, auch seinerseits etwas zu erreichen, was ihm wichtig ist. Und die Idee des Bedürfnistausches erfüllt unser grundsätzliches Bedürfnis nach Fairness, unseren Wunsch nach einem ausgewogenen Verhältnis von Geben und Nehmen.

Mit der Idee des Bedürfnistausches können Sie möglicherweise Schwierigkeiten lösen, die für sie beide bislang noch nicht lösbar waren. Wenn Ihnen das gelingt: Glückwunsch! Klappt es nicht, müssen Sie sich womöglich damit anfreunden, dass Ihr Problem gar nicht lösbar ist. Denn leider sind lösbare Probleme nur ein Teil in einer Partnerschaft.

Gibt es für jedes Problem auch eine Lösung?

Lösbare und unlösbare Probleme

Für viele Probleme, die in Partnerschaften auftauchen, gibt es Lösungen. Lösungen, die für beide Partner von Vorteil sind. Lösungen, bei denen Sie von Ihren Vorstellungen und Wünschen nur geringe Abstriche machen müssen.

Einige Probleme lassen sich zwar im Moment nicht klären, es besteht aber durchaus Hoffnung für die Zukunft. Sich nicht sofort einigen zu können ist völlig normal. Sie wissen: Veränderungen gelingen in der Regel nicht von heute auf morgen. Gute Lösungen brauchen oft Zeit. Für manche Veränderungen brauchen Paare Jahre – aber dann ist es auch geschafft und eine Lösung gefunden.

Leider ist das jedoch nicht bei allen Schwierigkeiten so. Auch auf die Gefahr hin, Sie zu erschrecken oder pessimistisch zu stimmen, muss ich Sie jetzt mit einer unangenehmen Wahrheit vertraut machen: Für manche Schwierigkeiten in einer Partnerschaft gibt es in der Tat keine Lösung. Jetzt nicht und auch nicht in Zukunft.

Warum ist das so? Ganz einfach: Weil sie nicht lösbar sind. Ein Partner ist nicht beliebig zu verändern. Auch Sie selbst sind es nicht. Und so kommt es, dass wir mit jedem Partner und mit jeder Partnerin eine unbestimmte Anzahl unlösbarer Probleme haben.

Aus Ihrer Sicht ist die Sache klar. Ein unlösbares Problem haben Sie nur deshalb, weil Ihr Partner so schrecklich stur ist. Weil er sich nicht bewegen mag. Weil die Schritte, die er zu machen bereit ist, viel zu klein sind, um zu einer für Sie befriedigenden Lösung zu kommen. So weit Ihre Sicht der Dinge. Aus der Sicht Ihres Partners jedoch existiert Ihr gemeinsames unlösbares Problem nur deshalb, weil Sie so entsetzlich stur sind. Weil Sie sich nicht bewegen mögen. Weil die Schritte, die Sie zu machen bereit sind, viel zu klein sind, um zu einer für ihn befriedigenden Lösung zu kommen.

Aus der Perspektive eines neutralen Dritten stellt sich die Sache noch einmal ganz anders dar. Aus der Sicht eines Unabhängigen, zum Beispiel eines Beraters wie mir, haben Sie deshalb unlösbare Schwierigkeiten miteinander, weil Sie beide an einem entscheidenden Punkt ausgesprochen unterschiedlich sind. Daran ist niemand schuld und es hat auch nicht einer von Ihnen recht. Nein, Sie beide sind schlicht unterschiedlich. Sie haben verschiedene Wertvorstellungen. Sie haben unterschiedliche Herkunftsfamilien, die Sie geprägt haben. Oder Sie unterscheiden sich im Charakter. So einfach ist es. Und da Sie beide an Ihren Wertvorstellungen festhalten, Ihre Herkunftsfamilien die sind, die sie nun einmal sind, und Sie beide auch Ihre jeweiligen Charakterzüge völlig in Ordnung finden, haben Sie gemeinsam als Paar leider, leider ein unlösbares Problem.

Sie beide sind schlicht und einfach unterschiedlich.

Ein Paar, das sich über unlösbare Probleme streitet, verschwendet seine Zeit. Darüber hinaus bringt es auch noch seine Beziehung in Gefahr. Denn was soll schon dabei herauskommen, sich wechselseitig vorzuwerfen, so zu sein, wie man nun einmal ist? Jeder fühlt sich unverstanden und ungeliebt.

Unlösbare Probleme entschärfen

Unlösbare Probleme fordern Paare ganz besonders heraus. Durch sie müssen sie begreifen, dass es nicht darum geht, eine Lösung zu finden, sondern darum, wie sie am besten mit der offenkundigen Meinungsverschiedenheit umgehen. Sie müssen lernen, unlösbare Probleme gerade nicht zu lösen, sondern vielmehr die Sprengkraft dieser Probleme zu entschärfen.

Nun steht es Problemen leider nicht auf die Stirn geschrieben, welcher Art sie sind. So mögen Sie anfangs ein unlösbares Problem als einen leichten Fall betrachtet haben, als etwas, das sich ganz einfach und schnell lösen lässt. Erst nach Jahren merken Sie dann, wie hartnäckig es in Wirklichkeit ist. Es ist ein unlösbares Problem.

Der Glaube, jedes Problem sei ohne jeden Zweifel lösbar, wenn man sich nur genug anstrenge, ist einer der Gründe, weshalb sich viele Paare in unfruchtbare Diskussionen verstricken. Sie diskutieren nächtelang, zäh und fruchtlos zugleich, und bringen so ihre Partnerschaft an den Rand des Abgrundes.

Wenn Sie also hin und wieder das Gefühl haben, in Ihrer Partnerschaft gehe es weder vor noch zurück, dann bemühen Sie sich möglicherweise gerade angestrengt darum, ein Problem zu lösen, das zurzeit schlicht nicht lösbar ist. Oder eben ein Problem, das sich im Laufe der Zeit sogar als ein unlösbares Problem herausstellen wird.

Es nützt ganz und gar nichts, seine Energie an solche unlösbaren Problemen zu verschwenden. John Gottman nennt sie sehr schön auch die ewigen Probleme. Ewige Probleme waren schon da, als wir uns verliebten und ihnen noch keinerlei Beachtung schenkten. Später dann wurden sie uns bewusst und mehr und mehr zu einem vertrauten Begleiter. Sie werden ihrem Namen wirklich gerecht. Auch in hohem Alter, wenn wir bereits die goldene Hochzeit feiern, werden sie noch da sein.

Ewige Probleme sind von Anfang an vorhanden.

Ewige Probleme erkennen

Ein ewiges Problem erkennt man am besten daran, dass man sich mehrfach schon in exakt dem gleichen Streit befunden hat. Mit denselben Vorwürfen und Gegenvorwürfen. Mit genau dem gleichen Ablauf.

Solch einen Streit kennen auch Ines und Markus. Sie streiten sich immer mal wieder darum, wie die samstäglichen Arbeiten im Haus und im Garten erledigt werden. Markus neigt dazu, einfach anzufangen, gerade so, wie er es für sinnvoll hält. Ines dagegen möchte einen Plan machen. Sie möchte sich mit Markus hinsetzen, Schritt für Schritt aufschreiben, wer wann was erledigt, und dann soll es losgehen mit der Arbeit.

Ist es nicht interessant, wie unterschiedlich man an die Erledigung von Aufgaben herangehen kann? Der eine spontan und wie ihm gerade ist. Der andere mit einer durchgeplanten To-do-Liste, also einer Liste der zu erledigenden Aufgaben. Noch interessanter ist allerdings, wie oft zwei Menschen als Paar zueinander finden, die sich in einem so wichtigen Charaktermerkmal nicht ähnlich sind. Ines hätte sich ja auch einen To-do-Listen-Fan als Partner suchen können. Und Markus hätte sich in eine spontane Frau verlieben können, die nicht einmal im Traum daran denkt, so etwas wie eine To-do-Liste auch nur zu schreiben und sie dann auch noch mit ihrem Partner abzusprechen. Das haben Ines und Markus beide nicht getan. Sie haben sich für einen Gegensatz in ihrer Partnerschaft entschieden. Jetzt müssen sie sehen, wie sie damit fertig werden.

Es ist offensichtlich, dass hier zwei unterschiedliche Gangarten aufeinanderstoßen. Markus ist möglicherweise spontaner – Ines dagegen ein planender Mensch. Möglicherweise! Ihre unterschiedliche Herangehensweise an den Samstag und seine Aufgaben kann auch einen anderen Hintergrund haben. Vielleicht ist Markus ja gar nicht so ein spontaner Mensch, sondern einfach nur „allergisch" gegen zu viel Kontrolle. Ein Plan führt dazu, in seinen Entscheidungen eingeschränkt zu werden. Und das kann er nicht leiden. Er verabscheut Kontrolle aus tiefstem Herzen. So einfach ist das. Markus ist ein freiheitsliebender Mensch – und Ines möchte mithilfe des Plans genau das erreichen, was Markus nicht will – Kontrolle.

Ines und Markus haben nicht oft Streit wegen dieses Unterschieds zwischen ihnen. Sie streiten in diesem Punkt sogar ausgesprochen selten. Ein paar Mal im Jahr aber wird die Stimmung zwischen den beiden gereizt – weil Markus einfach so vor sich hinpuzzelt, ohne sich lange mit Ines abzusprechen. Ein- oder zweimal im Jahr endet der fehlende Samstagsplan der beiden sogar in einer Katastrophe. Sie streiten. Sie streiten sich heftig und sie streiten sich laut.

Schallplattenstreit – immer die gleichen Argumente

Das Interessante an diesen Streiten ist ein Detail, über das die beiden nach nunmehr zwölf gemeinsamen Jahren sogar schmunzeln können. Natürlich aber erst dann, wenn ihr alljährlicher Streit über diesen Punkt hinter ihnen liegt und sie sich wieder vertragen haben: Sie streiten jedes Mal mit den gleichen Argumenten, den gleichen Vorwürfen, ja, mit den gleichen Worten! Die beiden könnten problemlos eine Schallplatte auflegen, wie man früher sagte, oder – etwas moderner gesprochen – eine CD in die Stereoanlage schieben.

Glauben Sie mir: Die beiden haben schon eine Menge versucht, um diesen seltsamen Schallplattenstreit zu verhindern. Ines hat mehrfach mit ihrer Freundin Renate gesprochen, in der Hoffnung, dass die eine kluge Idee hat, was sie machen können. Auch Markus hat mit seinen Freunden gesprochen. Bei alledem ist nichts Brauchbares herausgekommen. Markus' Freunde konnten ihn gut verstehen und haben lange und ausgiebig den Kopf geschüttelt über Ines' Planungswünsche. Nein, ganz ehrlich, ich könnte so etwas auch nicht ertragen!

Nicht viel anders lief das Gespräch zwischen Ines und Renate. Renate hat Ines selbstverständlich beigepflichtet. „Was ist denn schon dabei, sich einmal ein wenig abzusprechen? Ich finde, du solltest dich ruhig auch mal durchsetzen gegen deinen Mann!"

Na, super! Beide werden von ihren Freunden in ihrer Meinung bestärkt. Wie kann das sein? Nun, könnte man vermuten, es sind eben ihre Freundinnen und Freunde und die wollen sie halt unterstützen. Ja, das ist sicherlich richtig. Diese unterstützende Haltung hat allerdings noch einen weiteren, einen tieferen Grund. Freundschaften basieren auf der Sympathie zwischen zwei Menschen. Und die wiederum beruht auf dem Prinzip der Ähnlichkeit. Wir finden Menschen sympathisch, die uns ähnlich sind. Renate ist, so wie Ines, ein eher planender Charakter. Und Markus' Freunde sind durch die Bank freiheitsliebende Menschen, die einem Samstagsplan nichts Positives abgewinnen können, ja, die so eine Form der Planung als Freiheitsberaubung empfinden und deshalb zutiefst verabscheuen. Da verwundert es wenig, dass die Gespräche, die Markus und Ines geführt haben, den beiden nicht geholfen haben, sondern ihr Problem miteinander beinahe sogar vergrößert hätten.

Mit ewigen Problemen umgehen

Eine Lösung für ein ewiges Problem sieht ganz anders aus als eine Lösung für ein lösbares Problem. Ist ein Konflikt nicht lösbar, dann kann und sollte es auch nicht gelöst werden. Stattdessen sollten Sie die Frage klären: Wie können wir damit umgehen, in dieser Frage nicht einer Meinung zu sein? Wie können wir damit umgehen, an diesem Punkt so unterschiedliche Bedürfnisse zu haben?

Ein Paarexperte hat das einmal wie folgt zugespitzt: Letztlich hängen Wohl und Wehe einer Partnerschaft davon ab, ob wir mit den ewigen Problemen, die der Partner in die Beziehung einbringt, auch gut umgehen können. Gelingt das, ist die Beziehung stabil und glücklich. Gelingt es nicht – ja, dann ist sie zumindest unglücklich, aller Voraussicht nach aber auch vom Zerfall bedroht.

Drei Lösungsphasen für ewige Probleme

Einer Lösung für ein ewiges Problem nähern sich Paare in der Regel in drei Stufen.

1. Zunächst einmal erkennen sie das Problem, glauben aber immer noch, dass es lösbar sei. In dieser Phase diskutieren manche Paare viel oder machen sich gegenseitig Vorwürfe. Ohne greifbares Ergebnis natürlich, denn sowohl das Diskutieren als auch die Vorwürfe sind unnütz. Ewige Probleme lassen sich nicht ausdiskutieren.

2. In der zweiten Phase schauen Paare dem Gegensatz mutig ins Auge. Sie akzeptieren die Unterschiede, mehr

oder weniger zähneknirschend allerdings. Aber was bleibt ihnen schließlich anderes übrig? Sie würden den anderen immer noch gerne ändern, ahnen nun aber, dass das unmöglich ist. Aussichtslos! Und so beginnen sie sich zu fragen, wie sie sich mit ihren Unterschieden arrangieren können.

3. In der dritten Phase richten sich Paare gemütlich ein mit ihren ewigen Problemen. Sie wissen jetzt genau, welche ihrer Probleme ewig sind und wie sie damit umgehen können. Sie beginnen zu verstehen, warum der andere anders ist. Und sie entwickeln Respekt für die manchmal völlig andere Gangart des Partners. Dabei hilft erfahrungsgemäß ganz besonders der Humor.

Humor ist, wenn man trotzdem lacht

An keiner Stelle ist Humor in einer Partnerschaft so wichtig wie an den Punkten, bei denen wir feststellen müssen, dass ausgerechnet der Mensch, mit dem wir unser Bett teilen, den Tisch und sogar das Bad, anders ist und anders bleibt als wir selbst.

Das beste Hilfsmittel, um mit ewigen Problemen zurechtzukommen, ist der Humor. Humor, das bedeutet selbstverständlich nicht, über den anderen zu lachen, ihn und seine Gangart lächerlich zu machen. Es bedeutet vielmehr, über sich und über Ihre Sicht der Dinge lachen zu lernen. Zu viel verlangt? Gut, dann zumindest zu lächeln.

Bedenken Sie: Jede Weltsicht ist eine Konstruktion. Sie hält bestimmte Dinge für richtig und wahr und andere für falsch. Die schließt sie aus. Wer sehr ordentlich ist, schließt das Durcheinander aus seiner Welt aus. Wer unordentlich ist, verschließt sich der Ordnung. Zu dumm, dass ausgerechnet diese beiden ein Paar geworden sind. An dieser Stelle hilft der Humor. Humor bedeutet, sich selbst weniger ernst zu nehmen. Hat es nicht auch eine gewisse Komik, dass ausgerechnet Ines und Markus ein Paar geworden sind? Manchmal gelingt es den beiden bereits, einen Witz über ihren Schallplattenstreit zu machen. Gemeinsam über sich zu lachen – das ist eine hohe Kunst. Ein Paar, dem das gelingt, hat dem ewigen Problem seine Spitze genommen.

Humor bedeutet, sich weniger ernst zu nehmen.

Es scheint, als wäre das Buch an dieser Stelle zu Ende. Sie wissen jetzt, was ein Streit ist und wie man ihn beendet. Sie kennen die praktischen Möglichkeiten, Streit im Alltag zu vermeiden und trotzdem Ihre Anliegen, Ihre Ziele und Wünsche in der Beziehung ernst zu nehmen. Sie wissen außerdem, wie Sie Konfliktgespräche am besten beginnen und wie Sie zu Lösungen kommen – wenn es denn Lösungen gibt. Und wenn es keine gibt – weil Sie es mit einem ewigen Problem zu tun haben – dann wissen Sie ebenfalls, dass Respekt für das Anderssein des anderen und Humor die besten Mittel sind, um sich mit einem ewigen Problem zu arrangieren.

Stellt sich die Frage: Ist das schon alles? Reicht es aus, nur die richtige Form der Ansprache von Streitthemen zu erlernen sowie die Möglichkeiten, nach Lösungen zu suchen, und schon wird aus jeder von Spannungen zerrissenen Beziehung eine konfliktfreie und harmonische Partnerschaft? Schön wär's! Die Antwort auf diese Frage lautet leider: Nein. Nein, es reicht nicht.

Es reicht nicht, weil Menschen eine ausgeprägte Neigung haben, die eigentlichen Gründe für einen Streit vor sich selbst und vor dem anderen zu verschleiern und sich stattdessen stellvertretend über Kleinigkeiten und Belangloses zu streiten. Bei den meisten Streitgesprächen geht es in Wirklichkeit eben nicht um die diskutierte Sache. Es geht nicht um die offen gelassene Zahnpastatube oder den nicht bezahlten Strafzettel. Es gibt bei diesen Streitereien tiefere, verborgene Themen, die die oberflächlichen Konflikte anheizen. Was ist es, was da unter der Decke liegt? Genau das wollen wir uns im dritten Teil des Buches ansehen.

Was sind die wahren Gründe für einen Streit?

Streit ist oft nur ein Symptom

Streit in der Partnerschaft ist nach meiner Auffassung in vielen Fällen nicht das Problem selbst. Ein Paar kann sich stundenlang über die mangelnde Ordnung im Bad streiten oder über die berühmte, nicht zugedrehte Zahnpastatube. Solche Streitereien bringen eine Menge an schlechter Stimmung mit sich. Sie bringen aber nichts. Zumeist findet ein Paar nicht einmal eine Lösung für das Problem, um das es geht. Das ist auch nicht weiter verwunderlich. Denn der Streit selbst ist häufig nicht das eigentliche Problem, sondern nur ein Symptom. Im Hintergrund lauern die eigentlichen, die wahren Gründe, die den Streit verursachen.

Wenn ich von wahren Gründen rede, dann bedeutet das, dass wir die wirklich wichtigen, die entscheidenden Gründe, die einen Streit herbeiführen, ihn befeuern und am Leben halten, in vielen Fällen nicht erkennen. Wir glauben zu wissen, worum der Streit geht. Wir sind sogar felsenfest davon überzeugt, dass es ausschließlich um die Sache geht, wegen der wir uns gerade heftig auseinandersetzen. Und doch führen wir uns und den anderen an der Nase herum. Wir täuschen uns selbst und auch den Partner über die wahren Gründe.

Wenn wir streiten, dann tun wir das bevorzugt über das Offensichtliche. Wir streiten über das, was in unser Bewusstsein gerät. Eine offene Zahnpastatube ist deutlich sichtbar. Der eigentliche Streitgrund kann aber tiefer verborgen liegen. In einem verletzenden Wort des anderen zum Beispiel.

Oder wir streiten uns über die Tatsache, dass unser Partner im Urlaub nicht mit uns schnorcheln gehen will. Und dabei „vergessen" wir, dass wir uns in letzter Zeit oft vernachlässigt gefühlt haben. Weil der Partner selten Zeit hatte.

Wir streiten mit Vorliebe über das Offensichtliche.

Weil er nur mit einem Ohr zuhörte, wenn wir ihm etwas erzählen wollten. Der Streit über die Zahnpastatube oder über die entgangenen Urlaubsfreuden ist möglicherweise also ein klassischer Stellvertreterstreit. Die wahre Unzufriedenheit liegt ganz woanders.

Es ist wie bei einem Puppenspiel: Die Kinder starren auf die handelnden Marionetten, die sich kunstvoll über die Bühne bewegen. Sie freuen sich, wenn das Gute siegt und der Held endlich, endlich die schöne Prinzessin für sich gewinnen kann. Alles ist so spannend und erscheint so wirklich. Und doch werden alle diese Figuren an unsichtbaren Fäden geführt.

Wer also hält die Fäden in der Hand? Was sind die Hintergründe, die den Streit über Alltägliches nähren, ihn befeuern und die sich doch allzu oft verstecken? Wenn wir das wissen, haben wir den Schlüssel für eine grundlegende Verbesserung unserer Partnerschaft in der Hand.

Wahre Hintergründe für den Streit über den Samstagsplan

Auch Ines und Markus werden bei ihrem Schallplattenstreit über den ungeliebten Samstagsplan von unerkannten Fäden bewegt. Es sind die Macht und die Kraft dieser Fäden, die dazu führen, dass aus den gegensätzlichen Herangehensweisen der beiden dann und wann ein ernsthafter Streit wird. Keine Frage, die beiden haben eine unterschiedliche Gangart, wobei jeder die seine natürlich für besser und für normal hält. Auffällig ist aber ein interessantes Detail: Nur an ganz wenigen der immerhin 52 Samstage des Jahres geraten Ines und Markus aneinander. Und nur ein einziges Mal entwickelt sich das zum Fiasko.

Stellt sich die Frage: Warum gelingt es den beiden an so vielen Wochenenden, ohne jeden Streit durch den Samstag zu kommen – trotz ihrer gegensätzlichen Herangehensweise? Und warum schaukeln sich

Gegensätze schaukeln sich nur manchmal hoch.

ihre Gegensätze manchmal unerwartet zum Streit hoch?

So hat Ines noch nie über den Schallplattenstreit nachgedacht. Sie hat registriert, dass es hin und wieder in dieser Frage rumst. Aber warum es so oft gut geht und manchmal dann leider nicht – diese Frage hat sie sich noch nie gestellt.

Ines' Augen leuchten, als sie die Antwort findet: „Es ist das Gespräch! Wenn wir ein oder zwei Wochen lang wenig Zeit hatten, miteinander zu reden, wird es schwierig. Dann kommt es zum Streit."

Sehen Sie, da haben wir ihn schon, den ersten Übeltäter, der aus dem Hintergrund der Bühnenverkleidung heimlich und still die Fäden der Marionetten vorne auf der Bühne bewegt und auf diese Weise aus harmlosen Gegensätzen oder kleinen alltäglichen Missgeschicken einen stattlichen Streit machen kann. Es ist der Mangel an Gespräch in einer Beziehung.

Streitgrund Nr. 1:
Zu wenig Zeit für ein Gespräch

Das gute Gespräch ist das wichtigste Element einer glücklichen Partnerschaft. Ich weiß, in vielen Ratgebern werden Sie etwas anderes lesen. Die einen behaupten, die Sexualität sei das Wichtigste, die nächsten sagen, ein Paar müsse gemeinsam etwas unternehmen, um seine Beziehung lebendig zu erhalten. Und wieder andere betonen, dass Sie sich mit romantischen Essenseinladungen bei Kerzenschein überraschen müssen. Hollywood lässt grüßen.

Ich habe nichts gegen leidenschaftliche Sexualität, gegen gemeinsame Unternehmungen eines Paares oder gegen romantische Überraschungen. Die Stabilität einer Beziehung beruht aber auf einem anderen Element: Sie beruht auf dem guten Gespräch. Eine Partnerschaft ist ein lebenslanges Gespräch, hat der Philosoph Friedrich Nietzsche einmal gesagt. Wie recht er damit hat! Das Gespräch, das gute, das zugewandte, das interes-

Eine Partnerschaft ist ein lebenslanges Gespräch.

sante und interessierte Gespräch ist der Kern einer jeden Partnerschaft.

Intensive Gespräche verbinden

Wie sehr das gute Gespräch uns an den Partner bindet, das wissen wir alle noch aus der Anfangszeit unserer Partnerschaft. Verliebte Paare reden oft stundenlang und bis tief in die Nacht. Sie reden nicht über den morgigen Einkauf. Sie unterhalten sich auch nicht darüber, wer morgens die Katze füttert. Und schon gar nicht äußern sie Sätze wie „Schatz, erzähl mir das später – ich bin völlig geschafft von der Arbeit".

Verliebte interessieren sich ernsthaft für das, was der andere zu erzählen hat. Sie reden über Wichtiges, über Dinge, die sie geprägt haben. Sie reden über entscheidende Erlebnisse aus der Kindheit, über jugendliche Berufswünsche, die sich nicht erfüllten, und über gescheiterte Liebesbeziehungen. Sie reden darüber, warum ihnen ihre Hobbys so wichtig sind und welche Bücher sie früher einmal mit Begeisterung gelesen haben. Sie reden über Lebensziele, die sie gerne noch erreichen möchten, und über Niederlagen, die sie erlebt haben. Und der andere schaut bei alledem nicht etwa ganz gequält drein oder ist nur mit einem Ohr dabei, nein: Er hört aufmerksam zu! Und so entsteht in der sich entwickelnden Partnerschaft das Gefühl von Vertrautheit und Verstandenwerden. Es entsteht das Gefühl eines inneren Verbundenseins, das die Liebenden wie ein Band aneinanderbindet. Es entsteht das Gefühl der Liebe.

Wenn aus der anfänglichen Verliebtheit eine feste Partner-schaft geworden ist, glauben viele Paare so felsenfest an ihre Gefühle füreinander, dass sie das tagtägliche Gespräch mit dem Partner vernachlässigen. Sie sehen nicht die Notwendigkeit, das verbindende Band immer wieder aufs Neue zu stärken. Andere Dinge sind scheinbar wichtiger. Der Beruf. Die Hobbys. Der Hausbau. Die Kinder. Doch der Bestand einer Beziehung hängt nicht von der Stärke der Gefühle füreinander ab. Gefühle können abflauen und genau das tun sie auch, wenn sich ein Paar selten im Gespräch einander zuwendet.

Es ist beinahe so, als ob die Beziehung eine Pflanze wäre und das Gespräch das Leben spendende Wasser. Eine Beziehung kann ohne das gute Gespräch nicht überleben. Versiegt das Gespräch, trocknet in der Folge auch die Beziehung aus.

Glückliche Paare führen häufig gute Gespräche miteinander.

Der Vorrat an Verständnis und Unterstützung für den Partner muss also immer und immer wieder neu aufgefüllt werden. Am besten Tag für Tag. Sonst verabschieden sich die Gefühle. Dieser Prozess geht zu Anfang noch sehr langsam voran, beinahe schleichend. Doch über Wochen und Monate wird die nachlassende Bindung immer offenkundiger. Oft bemerken Paare das alles erst sehr spät. Und sie registrieren es vor allem deshalb, weil sie sich immer öfter streiten. Mangelnde Zeit für ein zugewandtes Gespräch ist einer der entscheidenden Gründe für partnerschaftliche Streite.

Geeignete Gesprächsthemen

In einer guten Partnerschaft wissen beide Partner beinahe immer, wie es dem anderen gerade geht. Sie wissen, was er erlebt. Sie wissen, was ihn bewegt und was ihn beschäftigt. Sie wissen das vor allem deshalb, weil sie gerne und viel miteinander reden. Glückliche Paare reden ausgesprochen gerne und häufig miteinander. Unglückliche Paare dagegen meiden das Gespräch.

Auch die Wissenschaft hat sich mit dem partnerschaftlichen Gespräch beschäftigt und mit der Frage, worüber Paare reden sollten – und worüber lieber nicht. Ein Ergebnis mag Sie möglicherweise überraschen: Die oft von Frauen angestrebten Gespräche über die Beziehung bekommen ganz schlechte Noten. Ein Paar, das am Ende eines Tages anfängt, sich über seine Beziehung zu unterhalten und dabei vor allem über das spricht, was zwischen ihnen schiefläuft, bringt die Partnerschaft aus dem Gleichgewicht. Probleme sind wie Goldfische – sie wachsen, wenn man sie füttert.

Probleme wachsen, wenn man sie füttert.

Häufig reden Paare über Dinge, die sich ohnehin nicht lösen lassen, weil es ewige Probleme sind. Oft versuchen sie bei diesen Gesprächen auch noch, den anderen zu überzeugen, dass sie im Recht sind. Kein Wunder also, dass Gespräche über Beziehungsprobleme Paare oft in eine Sackgasse manövrieren. Die Beziehung leidet nun zusätzlich unter den anstrengenden und ergebnislosen Unterhaltungen. Die Folge: Die Partnerschaft wird von Aussprache zu Aussprache schlechter.

Es geht auch anders: Sprechen Paare viel über die angenehmen Seiten ihrer Beziehung, zum Beispiel über die gegenseitige Zuneigung oder was sie aneinander schätzen, dann wird die Beziehung stabiler. Die innere Verbundenheit wird außerdem gestärkt, wenn ein Paar am Ende eines Tages darüber spricht, wie der Tag war. Wissenschaftler der University of Washington sehen hierin sogar den entscheidenden Schlüssel für die Stabilität einer Beziehung.

Warum soll ein Paar über den Tag reden? Zwei gewichtige Gründe sprechen dafür.

■ Erstens weil Paare heute den größten Teil des Tages getrennt voneinander verbringen und nicht wissen, was der andere gerade tut und wie es ihm dabei geht. Im Gespräch über den Tag geht es darum, zu verstehen, was der andere erlebt hat und wieso es ihm so geht, wie es ihm geht.

■ Zweitens weil jeder von uns Verständnis und Anerkennung braucht wie die Luft zum Atmen. Wir brauchen das Gefühl, dass der Partner, die Partnerin hinter uns steht. Dann fühlen wir uns sicher und geborgen und der Stress des Tages verringert sich schlagartig. Gelingt es einem Paar, durch solche Gespräche den Stress abzufangen, der aus anderen Lebensbereichen in seine Beziehung hineinwirkt, dann stärkt es seinen Zusammenhalt.

Eine Partnerschaft lebt davon, dass wir die beiden wichtigsten Dinge investieren, über die wir als Menschen verfügen. Zeit und Energie, also Aufmerksamkeit. Eine Partnerschaft ist nur dann glücklich, wenn beide Partner auch noch viele Jahre nach dem Ende der Verliebtheit dazu bereit sind, Zeit und Energie für den Partner, für die Partnerin aufzuwenden.

Was können Sie tun?

Das Entscheidende für die Lebenskraft Ihrer Beziehung sind Situationen, in denen ein gutes Gespräch entsteht. Wann ist das in Ihrer Partnerschaft der Fall? Sie brauchen dazu kein Gespräch miteinander zu vereinbaren, Sie brauchen keine Ankündigung – „Schatz, wir müssen reden!" – und Sie müssen sich dazu nicht einmal zusammensetzen. Viele Paare können besser reden, wenn sie spazieren gehen oder Auto fahren, als wenn sie sich gegenübersitzen. Manche unterhalten sich am liebsten beim gemeinsamen Abwaschen und Abtrocknen oder sonntags morgens im Bett, eng aneinandergekuschelt. Es ist einerlei, wann und wie es in Ihrer Beziehung zum guten Gespräch kommt. Wichtig ist einzig, dass es dazu kommt.

Das gemeinsame Gespräch über den Tag ist eine der wichtigsten Maßnahmen, um einer Partnerschaft Stabilität zu geben und damit den Streit aus ihr fernzuhalten. Pflegen Sie also in Ihrer Partnerschaft das gute Gespräch. Nehmen Sie sich ausreichend Zeit hierfür. Am besten zumindest eine halbe Stunde am Tag.

Wenn Sie glauben, dass Ihnen hierfür die Zeit fehlt, weil Sie so viel um die Ohren haben, dann unterscheiden Sie bitte dringende und wichtige Anforderungen voneinander.

Diese Unterscheidung spielt in der Zeitorganisation von Führungskräften eine große Rolle. Führungskräfte haben täglich eine Fülle von Aufgaben zu erledigen – mehr als sich an einem Arbeitstag überhaupt erledigen lässt. Wer sich da von dringenden Aufgaben die Gesamtarbeitszeit rauben lässt, dem bleibt keine Zeit, sich um die wirklich wichtigen Dinge zu kümmern: um die strategische Ausrichtung des Unternehmens. Um neue Forschungsfelder, die zu neuen innovativen Produkten führen und damit erst die Zukunft des Unternehmens sichern.

Unterscheiden Sie dringende und wichtige Dinge voneinander.

Nicht viel anders verhält es sich in einer Partnerschaft. Auch da ist laufend eine Fülle unterschiedlicher Anforderungen zu bewältigen – manchmal mehr, als sich an einem Tag erledigen lässt. Wer sich in der Partnerschaft seine Gesamtzeit von dringenden Aufgaben rauben lässt, dem bleibt keine Zeit, sich um wirklich wichtige Angelegenheiten zu kümmern, die die dauerhafte Stabilität seiner Beziehung erst sichern.

Ein Gespräch über den Tag ist selten dringend. Da schrillt keine Alarmglocke und macht klar, dass jetzt sofort und äußerst dringend ein Paargespräch nötig ist. Das geht doch auch morgen oder vielleicht auch erst nächste Woche! Dann ist bestimmt mehr Zeit. Andere Dinge kommen in Sachen Dringlichkeit zuerst. Die Steuererklärung muss endlich erledigt werden. Die Wäsche ist noch zusammenzulegen. Und der Rasen ist auch noch nicht gemäht. Und wird durch den Mangel an zugewandten Gesprächen die Beziehung schlechter, dann ist es auch noch nötig, über den miserablen Zustand der Partnerschaft zu sprechen. Das dann allerdings dringend!

Fragen wir hingegen, was für die Beziehung wirklich wichtig ist, dann muss das tägliche Gespräch ganz oben stehen. Es ist eine Chance, sich als Paar in anderen Lebensbereichen gefühlsmäßig zu unterstützen und damit das Gefühl der Verbundenheit zu stärken. Das ist wichtiger als die Steuererklärung, die Wäsche und der Rasen. Lassen Sie die also warten. Und wenden Sie sich lieber Ihrem Partner zu.

Was tun, wenn der Partner den Sinn eines täglichen Gespräches nicht einsieht?

Kritisieren Sie ihn nicht. Werben Sie stattdessen für Ihr Anliegen! Lassen Sie nicht locker. Seien Sie beharrlich. Sagen Sie ihm deutlich, wie wichtig so eine Unterhaltung für Sie ist. Nehmen Sie sich Zeit, Ihren Partner nach seinem Tag zu fragen, wenn er von sich aus nicht viel erzählt. Wenn er merkt, dass er sich danach besser fühlt, wird er diese Gespräche schätzen lernen. Sie werden zu einer guten Gewohnheit. Eine Gewohnheit, die die Zukunft Ihrer Beziehung sichert.

Alles spricht für das Gespräch – und doch, das zeigen Untersuchungen, meiden es viele Paare. Wie kann das sein? Der zentrale Grund hierfür ist, dass solche Unterhaltungen in der Vergangenheit frustrierend verlaufen sind. Paare unterlassen Gespräche, wenn sie bemerken, dass sie den

Stress sogar noch erhöhen. Etwa dann, wenn der Partner nicht gut zuhört, wenn er Sie nicht ausreden lässt oder wenn er mit Kritik auf Ihre Erzählungen reagiert. Das alles

Gespräche sichern die Zukunft Ihrer Beziehung.

gilt natürlich auch umgekehrt: Der Stress in Ihrer Beziehung steigt auch dann, wenn Sie Ihrem Partner oder Ihrer Partnerin nicht gut zuhören, wenn Sie ihn oder sie nicht ausreden lassen oder wenn Sie mit Kritik auf das Erzählte reagieren.

So ein Verhalten hat Folgen. Kurzfristig erhöht es zwar „nur" den Stresspegel in der Beziehung. Schlimm genug! Langfristig aber sind die Folgen noch unangenehmer: Das Interesse am gemeinsamen Gespräch versiegt – und damit verödet die Beziehung.

Der Partner, der nicht gut zuhört, signalisiert auf diese Weise sein Desinteresse. Er zeigt, dass er nicht bereit ist, Zeit und Energie aufzuwenden, die beiden Bindemittel für zwischenmenschliche Beziehungen. Der Partner, der nicht gut zuhört, vergibt außerdem die Chance, den anderen zu unterstützen.

Das Gleiche gilt, wenn Ihr Partner Sie schnell unterbricht oder sofort mit Kritik reagiert. Vielen Menschen fällt es gar nicht mehr auf, wie oft sie wichtige oder auch unwichtige Dinge besser wissen oder wie oft sie ihren Partner kritisieren. Beides aber ist alles andere als harmlos. Denn ein Zuviel an Kritik ist der zweite Übeltäter, der in einer Partnerschaft aus dem Hintergrund die Fäden zieht und ein Paar in Richtung Streit drängt.

Streitgrund Nr. 2: Zu viel Kritik

Ines und Markus sind in meinen Augen ein wirklich gutes Paar. Sicher – sie haben so ihre Probleme miteinander. Aber wer, bitte, hat die nicht? Nie aber stand ihre Beziehung in all den Jahren am Rande des Abgrundes. Ines und Markus taten immer wieder genau das, was nötig war und was in ihrer Macht lag, um ihre Liebe zu erhalten.

Destruktives Gesprächsverhalten

Zwischen einem glücklichen Paar – wie Ines und Markus – und einem unglücklichen gibt es manchmal nur sehr geringe Unterschiede. Auch ein unglückliches Paar streitet sich ab und zu und verträgt sich wieder. Auch das unglückliche Paar lacht über gemeinsame Urlaubserlebnisse, plant den Wochenendeinkauf oder den nächsten Kino- oder Theaterbesuch. Aber wenn ein unglückliches Paar nach Hause kommt, dann entspinnen sich oft frustrierende Wortwechsel, wie etwa:

„Carla hat heute wieder so komisch mit Barbara getuschelt", sagt Doris zu Peter.

„Ach, du und diese Carla. Dass du deren Gequatsche aber auch so wichtig findest!", sagt Peter, ohne von seiner Computerzeitschrift aufzuschauen.

Als Doris noch einmal nachsetzen will, wirft Peter genervt den Blick zum Himmel und murmelt: „Immer dieser Zickenkrieg bei euch im Büro." Damit ist für Peter der Fall erledigt und Doris schweigt zunächst einmal verärgert.

Später geht sie dann zur Tagesordnung über. Mit Männern kann man eben nicht reden!

Es sind Szenen wie diese, aus denen der amerikanische Partnerschaftsforscher und Paartherapeut John Gottman seine unglaublich präzisen Prognosen über den Zusammenhalt oder das Zerbrechen einer Partnerschaft ableitet. Was für ein enttäuschender Wortwechsel! Das war zunächst einmal eine Kritik und damit das Gegenteil von Unterstützung und Den-Rücken-Stärken. Es folgte eine abwertende Geste von Peter – die Augen verdrehen – und zum Schluss auch noch eine verächtliche Äußerung. Und das alles in gerade einmal fünfzehn Sekunden!

Ich weiß nicht, wie es Ihnen ergangen ist beim Lesen dieser Szene. Glauben Sie, dass Peter und Doris in fünf oder zehn Jahren noch ein Paar sein werden? Nein? Das sehe ich ganz genauso. Für die gemeinsame Zukunft von Peter und Doris bin ich in der Tat alles andere als optimistisch. Sie steuern ihre Partnerschaft geradewegs in den Abgrund.

In dieser Geschichte war der Mann sehr überheblich gegenüber seiner Frau. Nun dürfen Sie nicht glauben, ich sei der Überzeugung, Frauen spielten in Partnerschaften generell die konstruktivere, die positivere Rolle und Männer – wie gerade gesehen – die negative. Im Alltag übernehmen genauso häufig Frauen den negativen Part. Auch Frauen sind genervt und wollen ihren Männern nicht zuhören. Auch Frauen werfen den Blick zum Himmel und lassen das Allerwichtigste vermissen, was wir in einer Partnerschaft suchen: Respekt und Verständnis.

Und schließlich gibt es auch noch Partnerschaften, in denen beide Partner ein destruktives Gesprächsverhalten an den Tag legen. Für eine Partnerschaft ist es problematisch genug, wenn ein Partner nicht zuhören will und mit Kritik und Abwertung reagiert. Verhalten sich aber beide Partner so, wird alles noch viel schlimmer. Die unglücklichsten Partnerschaften sind ganz ohne Zweifel die, in denen beide Partner unablässig mit Kritik aufeinander reagieren, sich verächtlich äußern über das, was der andere zu erzählen hat, und in denen beide Partner nicht bereit sind, Anerkennung und Verständnis zu geben.

Was können Sie tun?

Überprüfen Sie bitte zunächst Ihr eigenes Gesprächsverhalten:

- Kritisieren Sie Ihren Partner gerne?
- Sagen Sie ihm öfter, wie er die Dinge besser hätte hinbekommen können?
- Sind Sie sparsam mit Anerkennung und Verständnis?

Wenn Sie auch nur auf eine dieser drei Fragen mit Ja geantwortet haben, dann sollten Sie sich über schlechte Stimmungen in Ihrer Beziehung nicht wundern. Ihr Partner ist nicht mit Ihnen zusammen, um nach einem schlechten Tag von Ihnen zu hören, was er alles falsch gemacht hat. Er möchte akzeptiert werden und spüren, dass Sie auf seiner Seite stehen. Ohne Abstriche. Ihre Aufgabe in einer Partnerschaft ist es, dem anderen Verständnis zu zeigen und sich hinter ihn zu stellen. Die Devise einer glücklichen Beziehung lautet nicht „Allein gegen alle", sondern „Gemeinsam gegen der Rest der Welt". Stärken Sie ihm, stärken Sie ihr also den Rücken. Tun Sie das nicht, dann gefährden Sie Ihre Beziehung.

Halten Sie sich auch mit Ratschlägen zurück. Weder Männer noch Frauen möchten nach einer Lebensniederlage oder auch nur nach einem anstrengenden Tag hören, wie

„Gemeinsam gegen den Rest der Welt."

er das alles besser und leichter hinbekommen hätte. Was wir alle in so einer Situation hören wollen, ist mehr oder weniger nur eines: „Armer Schatz!"

Auch wenn Sie schon einmal gehört oder gelesen haben, dass Männer und Frauen in diesem Punkt unterschiedlich sind, dass Männer Ratschläge lieben (sie sind vom Mars!), Frauen dagegen gefühlsmäßige Unterstützung bevorzugen (sie sind von der Venus!) – glauben Sie das alles bitte nicht. Beide Geschlechter, Männer wie Frauen, möchten gerne in den Arm genommen werden, über den Rücken gestreichelt bekommen und Anerkennung erfahren. Männer wie Frauen wollen nicht kritisiert werden, wollen nicht hören, dass es der andere besser weiß, und wollen zunächst einmal auch keinen guten Ratschlag erhalten. Beide Geschlechter wünschen sich nach einem anstrengenden Tag oder einer unangenehmen Niederlage nur eines zu hören: „Armer Schatz!"

Das bedeutet nicht, dass Sie Ihren Partner zu einem späteren Zeitpunkt nicht auch auf andere Möglichkeiten hinweisen können, wie sich mit einem Problem umgehen ließe. Aber alles der Reihe nach. Zunächst einmal ist Zuwendung und Unterstützung gefragt. Und die sollten Sie reichlich verteilen. Vielleicht meiden Sie ja solche unterstützenden Gespräche, weil Sie als Frau glauben, über Jahrtausende hinweg hätten Frauen den Männern den Rücken gestärkt – und deshalb seien Sie jetzt dafür nicht mehr zuständig, und im Übrigen sollten die Herren der Schöpfung Ihnen jetzt den Rücken stärken. Diese Einstellung ist, so gerecht sie Ihnen auch vorkommen mag, der sichere Weg in eine unglückliche Beziehung. Es war ja nicht etwa die Empfehlung all der wohlmeinenden Eheratgeber aus den 50er- und 60er-Jahren falsch, seinem Partner mit Unterstützung und Einfühlsamkeit zu begegnen. Der Fehler lag vielmehr in der Einseitigkeit, mit der dies von Frauen zugunsten ihrer Ehemänner gefordert wurde. Den Rücken stärken, Anerkennung geben – dies sind notwendige Dinge für Männer und für Frauen, um das Gefühl zu haben, in einer glücklichen Beziehung zu leben und unterstützt und geliebt zu werden.

Männer und Frauen brauchen Zuwendung und Unterstützung.

Was tun, wenn der Partner zu Kritik neigt?

Möglicherweise leben Sie in einer Beziehung, in der Sie Tag für Tag zu kurz kommen, in der Sie mit geradezu homöopathischen Mengen an Anerkennung leben müssen. Geben Sie sich bitte mit so einer Situation nicht zufrieden. Wenn Sie in Ihrer Beziehung Anerkennung, Bestätigung und Den-

Rücken-Stärken nicht erleben und trotzdem nichts unternehmen, um das zu ändern, dann ist auch das ein sicherer Weg in eine unglückliche Beziehung.

Neigt Ihre Partnerin oder Ihr Partner zu Kritik, dann passen Sie sich ihrem beziehungsweise seinem Gesprächsstil bitte unter keinen Umständen an. Das ist der schnellste Weg, Ihre Beziehung zu zerrütten. Machen Sie stattdessen zweierlei.

1. Bleiben Sie bei einem positiven Gesprächsstil. Sie bleiben bei der Devise „Keine Kritik" und verteilen großzügig Ihre Zuwendung und Ihre Anerkennung. Sie sagen auch weiterhin „Armer Schatz!", wenn Ihr Partner zerknirscht nach Hause kommt. Nehmen Sie ihn in den Arm und streicheln ihm über den Rücken. Das klingt jetzt in Ihren Ohren möglicherweise selbstlos und aufopfernd. Ist es aber nicht. Es ist vielmehr eine Strategie. Denn mit diesem Vorgehen erreichen Sie Ihr Ziel einer glücklichen Partnerschaft am allerbesten.

2. Sagen Sie Ihrem Partner oder Ihrer Partnerin ganz direkt, welche Form der Unterstützung Sie sich wünschen. Bitten Sie ihn, kritische Formulierungen zu unterlassen. Das Schlimmste, was Ihnen am Ende eines anstrengenden Tages passieren kann, ist, dass Ihr Partner auf Ihre Berichte hin sagt: „Was du dich nur immer anstellst!" Viele Menschen denken, dass sie mit solch abwertenden Bemerkungen leben können. Manche reden sich ihre Situation auch schön: „Er meint es doch nicht so! Er hatte eben auch einen schlechten Tag."

Glauben Sie mir: Auch wenn er es möglicherweise tatsächlich nicht so meint, sondern einfach nur überfordert ist von Ihren Problemen – dauerhaft kommen Sie mit solchen Formen der Kritik und der Abwertung nicht zurecht. Wenn Sie so etwas öfter zulassen, dann werden Sie es eines Tages bereuen. Irgendwann werden Sie doch ungehalten. Ein tief sitzender Groll setzt sich in Ihnen fest und beeinflusst Ihr Verhalten in der Partnerschaft zum Negativen. Oder aber Sie werden über kurz oder lang verstummen. Mit dem Ende des Gespräches lassen die verbindenden Gefühle nach, die Lust auf Sex schwindet und schließlich stirbt – zumeist langsamer – Ihre Liebe.

Lassen Sie es nicht so weit kommen. Weisen Sie auf nicht wertschätzendes Gesprächsverhalten Ihres Partners oder Ihrer Partnerin hin. Verwahren Sie sich dagegen. Machen Sie ihm oder ihr auch klar, dass so ein Verhalten Ihrer gemeinsamen Beziehung schadet. Sagen Sie ihm also, was Sie gerne anders hätten. Sagen Sie es

Auf Dauer lässt abwertendes Verhalten die Liebe sterben.

in einem netten Ton und in klaren Worten. Aber sagen Sie es ihm.

Gehen Sie bei so einem Gespräch davon aus, dass Ihr Partner Sie ohne Absicht verletzt und Sie nicht geringschätzen will. Nehmen Sie an: Er weiß es noch nicht besser. Ihre Aufgabe ist es, ihm oder ihr zu sagen, welche Reaktion Ihnen besser tut. Vermeiden Sie schließlich auch, im Recht sein zu wollen mit Ihrem Anliegen. Sie wissen ja: Das fordert Ihren Partner höchstens zum Widerspruch heraus. Sie wünschen sich, dass Ihr Partner sein Kommunikationsverhalten Ihnen zuliebe ändert. Nicht mehr und nicht weniger. Sie wünschen es sich, weil es Sie verletzt, weil es Ihnen nicht gut tut.

Und, zu guter Letzt, nutzen Sie eine ruhige und entspannte Zeit für ein solches Gespräch. Sind Sie oder Ihr Partner im Stress, sollten Sie es lassen. Unter Stress – das zeigt die Erfahrung – läuft ein schwieriges Gespräch schnell aus dem Ruder. Denn der dritte Übeltäter, der aus dem Hintergrund der Bühnenverkleidung gekonnt die Fäden zieht und Paare zum Streit verführt, heißt: zu viel Stress.

Streitgrund Nr. 3: Zu viel Stress

Stress hat viele Gesichter: Das beginnt mit banalem Alltagsstress wie einem unerwarteten Stau auf dem Heimweg nach einem anstrengenden, langen Arbeitstag. Es geht über schulische Katastrophen der Kinder oder deren erste Mutproben – die leider im Krankenhaus enden –, über das lange Warten auf einen Laborbefund bis hin zu lebensbedrohlichen Erkrankungen, die das Gesamtgefüge einer Partnerschaft bedrohen. All diese Ereignisse, so unterschiedlich sie auch sind, können Streit in einer Partnerschaft auslösen, sie müssen es allerdings nicht zwangsläufig.

Schwierige Lebenssituationen

Die Fähigkeit von Paaren, mit Stress fertig zu werden, ist sehr unterschiedlich ausgeprägt. Manche Paare sind regelrechte Schönwetterpaare. Ohne äußere Belastungen – im Urlaub etwa – funktioniert die Beziehung perfekt. Doch sobald die Anforderungen der Arbeit und des Haushalts dazukommen, bricht das Unwetter schon los. Streit – dieser unliebsame Gast – erscheint, klopft heftig an die Tür und beide fragen sich: „Wie lässt sich das nur verhindern?"

Wie gut eine Partnerschaft in Wahrheit ist, zeigt sich für die meisten Paare erst in wirklich schwierigen Situationen. Einer der Partner verliert seine Arbeit; die eigenen Eltern werden alt und pflegebedürftig; Kinder erkranken ernsthaft; ein Umzug bringt eine große Zahl von Veränderungen mit sich; eine Frühverrentung wirft die eigene Lebensplanung ebenso durcheinander wie den gewohnten Tagesablauf; Kinder kommen in die Pubertät und werden schwierig. Oder die lang geplante Rentenzeit mit „viel Erholung", langen „Spaziergängen" und viel Zeit fürs Lesen gerät schon bald zu einer Durchhängepartie, weil die Arbeit, die Kollegen und die Lust fehlen, morgens aufzustehen.

> **Wie gut eine Partnerschaft ist, zeigt sich in schwierigen Situationen.**

Das war jetzt nur eine kurze Auflistung möglicher Ereignisse, die eine Partnerschaft und ihren Zusammenhalt grundlegend auf die Probe stellen. Paarberater und Paartherapeuten wissen: Der Stress einer schwierigen Lebenssituation bedroht beinahe jede Partnerschaft irgendwann einmal. Jede längere Partnerschaft kann von ihm regelrecht zerrieben zu werden – wenn es dem Paar nicht gelingt, die auftretenden Probleme gemeinsam zu lösen.

||| Einzelne Schwierigkeiten sind noch kein Problem

„Viele Hunde sind des Hasen Tod", sagt ein Sprichwort. Und so ist es wohl auch in Partnerschaften. Taucht eine einzelne Schwierigkeit auf und ist nur ein Partner betroffen, entsteht dadurch häufig noch kein Problem. Der andere hilft, unterstützt und stärkt den Rücken – bis die schwierige Situation gemeistert ist. So läuft es zumindest im Idealfall. Kommen aber mehrere Schwierigkeiten zusammen, addieren sich, geraten gar beide Partner in unruhiges Fahrwasser, kollabiert die Beziehung leicht unter dem von außen auf ihr lastenden Druck. Gehetzt von allzu vielen Feinden, gibt der Hase am Ende auf.

Stehen beide Partner unter Druck, spitzt sich die Situation bei vielen Paaren zu. Beide Partner erhoffen sich Rückhalt vom anderen. Beide empfinden sich als bedürftig. Beide wollen Unterstützung und Anerkennung durch den Partner. Und beide bekommen genau das nicht. Denn angesichts der Belastungen von außen brechen die Unterstützung und die Anerkennung des anderen zusammen. Oder um es noch einmal mit dem Bild des Partnerschaftskontos zu sagen: Beide Partner heben zwar unablässig hohe Geldbeträge ab, vermeiden aber strikt jedwede Einzahlung.

„Viele Hunde sind des Hasen Tod" – das klingt logisch. Doch irgendetwas stimmt nicht an diesem Bild von dem Hasen und den Hunden. Warum findet der arme Hase denn nirgendwo Schutz? Einen sicheren Bau, sodass die

Hunde ihm nichts mehr anhaben können? Warum muss er sich hetzen lassen von der gierigen Meute?

Wie finden Partner Schutz in schwierigen Situationen? Auf diese Frage hat die bekannte amerikanische Psychologin Judith Wallerstein mit ihren Forschungen eine interessante Antwort gefunden. Wallerstein hat als eine der Ersten schon Anfang der 90er-Jahre versucht herauszufinden, was glückliche von unglücklichen Paaren unterscheidet. Das war ein völlig neuer Ansatz. Bis dahin hatten sich Psychologen beinahe ausschließlich mit unglücklichen Partnerschaften beschäftigt und die glücklichen einfach links liegen lassen. Die kamen ja auch nicht in ihre Praxis!

In ihrem Buch „Gute Ehen" gibt Judith Wallerstein auf die Frage nach den Unterschieden zwischen glücklichen und unlücklichen Paaren eine spannende Antwort. Stress – ausgelöst durch normale Alltagsprobleme oder heftige Lebenskrisen – findet sich in guten wie in schlechten Partnerschaften. In schlechten Beziehungen beginnen die Partner allerdings, sich angesichts der Schwierigkeiten gegen den anderen zu richten. Sie machen den Partner

Beschuldigen Sie sich nicht gegenseitig.

für die Probleme verantwortlich. Sie beginnen zu streiten. Ein Paar, das angesichts drängender Probleme und Schwierigkeiten beginnt, sich gegenseitig die Schuld für die missliche Lage zu geben, ruiniert seine Partnerschaft sehr schnell.

In guten Beziehungen sieht das ganz anders aus. Hier stärken sich die Partner den Rücken. Sie trotzen gemeinsam den Widrigkeiten des Lebens und geben ihrer Beziehung damit den dringend nötigen Schutz. So hat die Hundemeute keine Chance. Der Hase findet einen sicheren Bau.

Was können Sie tun?

Machen Sie doch einmal einen Stresstest. Wenn es in Ihrer Beziehung zum nächsten großen Krach kommt, treten Sie innerlich einen Schritt zurück und überlegen in aller Ruhe, ob einer von Ihnen oder gar Sie beide im Moment besonders viel Stress haben. Lautet die Antwort Ja, dann machen Sie sich klar: Ein Streit erhöht das Stressniveau abermals. Ihre Lage wird dadurch noch schwieriger. Die Ihres Partners auch.

Paare, die sich vom Stress überwältigen lassen und ihm nicht gemeinsam entgegentreten, stellen fest, dass ihre Ehe schlechter wird. Überlegen Sie sich also, wie Sie Ihren Partner unterstützen können. Was braucht er angesichts seines derzeitigen Stresses am nötigsten?

Stärken Sie das „Wir-Gefühl" in Ihrer Partnerschaft.

Überlegen Sie sich auch, was Sie selbst am dringendsten benötigen. Eine Partnerschaft bedeutet ein wechselseitiges Geben und Nehmen. Schnüren Sie am Ende also ein Paket. Sie bekommen, was Sie wollen, und er, was er braucht. Stehen Sie zueinander – nicht gegeneinander. Stehen sich Partner in Stresssituationen in dieser Weise bei, wächst dadurch auch das „Wir-Gefühl", das Gefühl, gemeinsam an einem Strang zu ziehen. So gehen Sie als Paar am Ende sogar gestärkt aus der Krise hervor.

Achten Sie ganz besonders darauf, auch in für Sie schwierigen Situationen im Gespräch miteinander zu bleiben. Die Fähigkeit zur guten Kommunikation bricht unter Stress oft zusammen. Gestresste Partner reagieren eher genervt und zurückweisend. Sie tauschen sich seltener aus. Kritik und Abwertung werden häufiger.

Oft brechen Partner sogar die Kommunikation ab, wenn sie unter Druck stehen. Sie sagen dem anderen einfach nicht mehr, was sie beschäftigt. Das erhöht die Wahrscheinlichkeit eines Streits. Der andere spürt zwar die Anspannung, erfährt aber nicht, wo sie herrührt.

So kommt es schnell zu Fehlschlüssen: Einer der Partner bezieht etwa die Unzufriedenheit des anderen – **Lassen Sie Ihren Partner an Ihrem Leben teilhaben.** zum Bespiel mit seiner beruflichen Situation – auf sich selbst und nimmt an, der andere sei mit ihm unzufrieden. Machen Sie es sich deshalb zur Gewohnheit, auch in anstrengenden Lebensphasen den Partner, die Partnerin an Ihrem Leben teilhaben zu lassen. Auch wenn das für Sie zunächst unüblich ist, weil Sie normalerweise Schwierigkeiten mit sich alleine abmachen. Am Ende zahlt es sich aus.

Besonders wichtig bei Stress ist die gefühlsmäßige Unterstützung. Äußern Sie also Verständnis für Ihren Partner. „Das ist wirklich eine blöde Situation, in der du da steckst!" Beruhigen Sie Ihren Partner, wenn er sich Sorgen macht, zum Beispiel bei einer drohenden Arbeitslosigkeit. Treten Sie seinen Befürchtungen entgegen. „Ich denke, gemeinsam werden wir das schon schaffen."

Eine Teambesprechung verabreden

Bleibt schließlich noch das dritte Element einer jeden Stressbewältigung: Das ist die Problemlösung. Versuchen Sie es hierzu einmal mit einer Teambesprechung. Das ist eine Idee, die der Paartherapeut Don Ferguson entwickelt hat. Manche Leserinnen und Leser kennen eine Teambesprechung wahrscheinlich aus ihrem Arbeitsleben. Da klappen solche Zusammenkünfte manchmal besser, manchmal schlechter. Damit eine Teambesprechung für eine Partnerschaft funktioniert, bedarf es einiger Regeln.

1. Eine Teambesprechung sollte höchstens 30 Minuten dauern. Was Sie in der Zeit nicht geschafft haben, gelingt Ihnen erfahrungsgemäß auch in den nächsten 30 oder 60 Minuten nicht.

2. Eine Teambesprechung braucht eine Tagesordnung, auf der nur ein, allenfalls zwei Punkte stehen sollten. Diese Tagesordnungspunkte müssen sehr genau formuliert sein. „Heute wollen wir über Geld reden" – das ist ein Beispiel für eine äußerst vage Formulierung. Jeder kann sich etwas anderes darunter vorstellen. Besser wäre eine konkrete Formulierung wie: „Wo können wir einsparen, wenn du in Zukunft nur noch 30 Stunden in der Woche arbeitest?"

3. Jeder darf ausreden, ohne vom anderen unterbrochen zu werden.

4. Mögliche Lösungen, Lösungsvorschläge also, sollten zunächst einmal gesammelt und nicht sofort vom anderen kommentiert werden.

5. Vorwürfe jeder Art haben bei einer Teambesprechung nichts zu suchen. Es geht hier um Lösungen für drängende Schwierigkeiten, um den Stress für die Partnerschaft zu reduzieren, nicht aber um die Lösung der Schuldfrage.

6. Stellt sich heraus, dass ein Problem noch nicht lösbar ist, wird es auf eine spätere Teamsitzung vertagt und dann erneut behandelt.

7. Gibt es dagegen eine Einigung, so wird sie schriftlich festgehalten und Sie können sich dann dem nächsten Tagesordnungspunkt zuwenden. Oder aber Sie freuen sich über die gelungene Einigung, gehen sogleich zum gemütlichen Teil der Angelegenheit über und holen dazu eine Flasche Sekt hervor. Belohnung muss ein!

Den größten Nutzen aus dem geschilderten Vorgehen ziehen Paare, bei denen Gespräche über anstehende Probleme bislang immer sehr chaotisch verlaufen sind. Außerdem Paare, die bei Problemen schnell die Schuldfrage besprechen und ihre Energie auf diese Weise vergeuden. Und schließlich diejenigen Paare, die im Gespräch in der Vergangenheit in der Regel von einem Thema zum nächsten gehüpft sind, statt sich zunächst einmal um die Klärung eines Punktes zu bemühen.

Trotz aller Vorteile, die eine solche Teambesprechung hat, finden es viele Menschen eher befremdlich, sich mit ihrem Partner zu einer Teambesprechung zu verabreden, sich auf eine Tagesordnung zu einigen und sich an all die Regeln zu halten, von denen jetzt die Rede war. Ich verstehe ihre Bedenken und habe für Sie einen alternativen Vorschlag: Machen Sie sich die Idee einer Teambesprechung auf eine

Nutzen Sie die Regeln einer Teambesprechung.

andere Weise zunutze. Um Probleme im Gespräch zu lösen, müssen Sie nicht tatsächlich eine Tagesordnung aufstellen und am Ende das Ergebnis schriftlich festhalten. Und es ist auch nicht nötig, dass Ihr Partner sich bereit erklärt hat, die Regeln für eine Teambesprechung einzuhalten.

Wichtig ist vielmehr, dass Sie selbst die genannten Regeln verinnerlichen und anwenden – einerlei, wie Sie das Gespräch mit Ihrem Partner oder Ihrer Partnerin dann nennen und wie sie es herbeiführen. Diese Regeln sind wichtig. Sie sorgen für ein Minimum an Frust und ein Maximum an tatsächlichen Lösungen. Diese Regeln führen dazu, dass Sie beide als Team agieren, dass Sie als ein harmonisches Duett aufspielen – und nicht als zwei Solisten jeder seine eigene Melodie anstimmt.

Gelungene Problemlösungen stärken die Beziehung

Vom Erfolg Ihrer gemeinsamen Bemühungen, die auftretenden Probleme zu lösen, hängt für Ihre Partnerschaft viel ab. Gelungene Problemlösungen reduzieren den auf der Beziehung lastenden Stress. Paare, denen es gelingt, gemeinsame Lösungen zu entwickeln und sie auch umzusetzen, fühlen sich außerdem hinterher enger miteinander verbunden als zuvor. Diese Paare haben erlebt, dass sie als Team handeln können. Das menschliche Zusammenleben basiert ja auf dem Prinzip der Zusammenarbeit. Der Mensch ist ein zutiefst soziales Wesen. Erfolgreiche Zusammenarbeit schweißt Menschen zusammen. Deshalb stärkt eine gelungene gemeinsame Problemlösung ein Paar und gibt ihm Vertrauen in die Beziehung. Erfolgreiche Zusammenarbeit stimmt darüber hinaus optimistisch für zukünftige Herausforderungen.

Doch denken Sie daran: Schwierigkeiten müssen nicht zwingend gemeinsam mit dem Partner gelöst werden. Jede geglückte Problemlösung ist ein Erfolg für Ihre Beziehung, einerlei, wie sie zustande gekommen ist. Viele Schwierigkeiten lassen sich auch alleine lösen, etwa durch eigenständiges Handeln, ohne lange Rücksprache mit dem Partner. Oft können auch Freundinnen und Freunde weiterhelfen und für Rückendeckung sorgen, etwa wenn der Partner durch eigene Sorgen überlastet ist.

Kümmern Sie sich also um Ihre Probleme. Sorgen Sie für gute Lösungen, wenn nötig auch im Alleingang. Je weniger schwierige Dinge Sie beschäftigen, desto besser für Ihre Partnerschaft. Denn viele Schwierigkeiten in der Beziehung entstehen ja nicht etwa, weil der Partner Stress hat oder unzufrieden mit seinem Leben ist, sondern weil wir selbst Stress haben oder aber auch einfach nur unzufrieden mit unserem Leben sind. Sehen Sie, da haben wir den nächsten Übeltäter, der eine Partnerschaft mit Macht in Richtung Streit lenken kann. Es ist die Unzufriedenheit mit dem eigenen Leben.

Streitgrund Nr. 4: Unzufriedenheit mit dem eigenen Leben

Jede größere Unzufriedenheit mit Ihrem eigenen Leben kann auch Ihre Partnerschaft beeinträchtigen, ja sogar schwer beschädigen. Sie sind unzufrieden mit Ihrer Arbeit, weil Sie schon lange das Gefühl haben, dass sie zu sehr zur Routine geworden ist und keine spannende Herausforderung mehr bietet. Sie sind unzufrieden mit den Kollegen, den Freundinnen und Freunden, der Wohnsituation. Oft führt solch eine gärende Unzufriedenheit geradewegs in einen Beziehungsstreit. Wenn wir unzufrieden sind, kann uns der Partner nichts mehr recht machen. Klar hilft es nicht, sich mit ihm zu streiten – und doch tun wir es allzu oft.

Unerkannte Unzufriedenheiten

Das Gefährliche an solchen Unzufriedenheiten ist, dass sie in der Regel unbemerkt einsetzen. Unsere Stimmung verändert sich anfangs nur ein wenig. Dann noch ein wenig mehr und noch einmal ein wenig. Die unzufriedene Stimmung schleicht sich heimlich, still und leise in unser Leben, wie eine Katze, die auf Samtpfoten ins Zimmer schleicht. Das unterscheidet Unzufriedenheiten grundlegend von den Problemen und Schwierigkeiten, von denen im letzten Kapitel die Rede war. Eine Lebenskrise wie etwa eine schwere Erkrankung des Partners ist uns bewusst. Wir registrieren das Ereignis und spüren zumeist auch seine

Folgen. Unzufriedenheiten aber können unser Leben mehr und mehr bestimmen, ohne dass wir sie bemerken.

So ist es auch Ines und Markus vor einigen Jahren ergangen. Ines hatte ihre neue Arbeit zu Beginn der Beziehung gerade erst angetreten. Sie empfand sie als eine tolle Herausforderung, der sie sich gerne und mit aller Kraft stellte. Was gab es Schöneres, als morgens aus dem Bett zu springen und sich auf die Arbeit zu freuen? Nach einigen Jahren aber war der Reiz der neuen Arbeitsstelle für Ines verflogen. Langeweile setzte ein. Probleme mit dem Chef, der ihre Ideen kaum je gelten ließ, kamen hinzu. Langsam und leise schlich sich die Unzufriedenheit in ihr Leben, ohne dass sie es bemerkte.

Oft spüren andere Menschen diese schleichende und doch beharrlich zunehmende Unzufriedenheit viel deutlicher als wir selbst. Markus bekam diese veränderte Stimmungslage schon bald zu spüren. Ines sprang nicht mehr schwungvoll aus dem Bett. Ihre Begeisterung ließ merklich nach. Und dann wurde sie ungehalten und nörgelig. Richtig wahrgenommen haben die beiden das alles erst, als sie sich immer öfter über Bagatellen stritten. Ein vergessener Putzlappen hier, eine schlecht abgewaschene Tasse dort – Ines war bald schon nichts mehr recht zu machen. Und Markus litt.

Unzufriedenheiten können eine Partnerschaft massiv bedrohen. Das gilt besonders, wenn sie weitgehend unerkannt bleiben. Diese Bedrohung ergibt sich besonders häufig in der Lebensmitte. Dann verstärken sich oft mehrere kleinere und mittlere Unzufriedenheiten gegenseitig. Da gibt es eine unklare berufliche Perspektive oder gar die innere Kündigung. Da fühlt man vage: „Das kann doch noch nicht alles gewesen sein!" Da lassen die körperlichen Kräfte spürbar nach, was besonders Männer fürchten. Da nimmt die Attraktivität ab, worunter Frauen häufig leiden. Der Glanz der Jugend ist dahin und beim Blick in den Spiegel bleibt oft nur festzustellen: Der Lack ist ab. Da sind Kinder, die langsam aus dem Haus gehen und das Leben eines Paares gründlich verändern. War das schon alles, was an Unzufriedenheiten auf uns einstürmen kann? Nein, sicher nicht. Aber lassen wir es dabei bewenden. Es ist auch so schon genug! Tritt das alles in der Lebensmitte auf, so sprechen wir von der Midlife-Crisis. Aber natürlich ist auch kein anderes Lebensalter vor einer Unzufriedenheitskrise gefeit. Alles zusammen ergibt häufig eine handfeste Partnerschaftskrise. Statt die Unzufriedenheiten anzugehen, entstehen Missstimmungen in der Beziehung. Am Ende soll eine neue Partnerschaft die rettende Lösung sein.

Unerkannte Unzufriedenheiten bedrohen oft die Partnerschaft.

Unzufriedenheiten erkennen

Stellen Sie Ihr Leben auf den Prüfstand. Ist es wirklich so, wie Sie es haben wollen? Gut möglich, dass Ihnen klar ist, was Sie unzufrieden mit Ihrem Leben macht. Wenn nicht, dann können Ihnen die folgenden Übungen helfen. Nutzen Sie sie, um einmal eine gründliche Inventur zu machen. Kommen Sie Ihren Unzufriedenheiten auf die Spur.

Bei dieser Suche nach den unzufriedenen Seiten in Ihrem Leben werden wir zwei sich ergänzende Wege einschlagen. Viele Unzufriedenheiten mit dem eigenen Leben erwachsen aus unserer Bereitschaft, uns in einer Partnerschaft zu sehr dem anderen anzupassen, mehr als uns eigentlich guttut. Dem Partner zuliebe verzichten wir auf dieses oder jenes und am Ende erkennen wir uns selbst kaum mehr wieder – und fühlen uns unwohl. Er trifft sich nicht mehr mit alten Freunden. Sie verzichtet auf den Gymnastikkurs am Dienstag, damit sie mehr Zeit für ihn hat.

Die andere Richtung, in die wir schauen wollen, beruht auf der Tatsache, dass uns selbst oft der Antrieb fehlt, nötige Veränderungen in unserem Leben auch anzugehen. Wir setzen uns einfach keine neuen Ziele. Wir sind zu bequem, das eine oder andere, was uns stört, endlich zu ändern. Wir wissen, dass wir etwas unternehmen sollten – und doch sind wir zu antriebslos, es auch zu tun. Eigentlich ist uns schon lange klar, dass wir mehr Sport machen sollten, und auch unser Hausarzt hat es uns schon ans Herz gelegt – und doch gehen wir es nicht an.

Welche Veränderungen würde ich gerne in meinem Leben vornehmen? Was soll anders sein? Gut möglich, dass Ihnen die Übung mit der guten Fee weiterhilft.

Übung: Die gute Fee

Einmal angenommen, eines Tages käme eine gute Fee zu Ihnen und verspräche, dass drei Ihrer Wünsche in Erfüllung gingen. Was würden Sie sich in so einem Fall wünschen?

Schreiben Sie zunächst alle Wünsche auf, die Ihnen einfallen. Legen Sie sich dann auf die drei wichtigsten fest, damit Sie wissen, was für Sie zurzeit die entscheidenden Veränderungswünsche sind.

Übung: Wieder Single – und was nun?

Allein dass wir in einer Partnerschaft leben, sorgt dafür, dass wir unsere Wünsche und Ziele einschränken. Wir reduzieren den Bereich unserer Möglichkeiten. Veränderungswünsche – gleich welcher Art – üben aber einen ununterbrochenen Druck auf die Partnerschaft und auf Ihre Zufriedenheit mit der Beziehung aus. Mancher Kompromiss entpuppt sich nach einiger Zeit als faul.

Welche Dinge würden Sie gerne in Ihrer Partnerschaft ändern, wenn Sie sich nur trauten? Um das herauszufinden, können Sie es mit folgender Frage versuchen: Was würden Sie eigentlich machen, wenn Sie wieder Single wären? Stellen Sie sich Ihr Leben ganz konkret und in allen Einzelheiten vor. Was wäre dann anders als jetzt? Malen Sie sich die Situation ganz plastisch aus. Notieren Sie sich alles, was dann anders wäre.

Was würden Sie als Single machen?

Die Antworten, die Menschen auf diese Frage geben, sind sehr vielfältig. Manche sagen: „Oh, ich glaube, dann würde ich mal wieder segeln gehen – das habe ich so lange nicht mehr gemacht." Oder: „Ich würde gerne eine Weiterbildung machen, das schiebe ich immer vor mir her, weil ich denke, meinen Partner würde das stören."

Legen Sie abermals eine Liste an. Notieren Sie sich, was Sie ändern, was Sie Neues angehen würden, wenn Sie wieder Single wären. Sprechen Sie auch mit Ihrem Partner über Ihre Zukunfts- und Veränderungswünsche. Eine Partnerschaft ist dazu da, dass jeder von Ihnen beiden sich in und mit der Beziehung besser entwickelt als ohne sie. Glückliche Paare begreifen, dass es eines der Ziele der Beziehung ist, einander zu helfen, seine Lebensziele zu erreichen. Fragen Sie also auch Ihren Partner nach unerfüllten Wünschen und Zielen. Unterstützen Sie ihn dabei, seine Wünsche Wirklichkeit werden zu lassen.

Fragen Sie Ihren Partner nach seinen unerfüllten Wünschen.

Sie sollten wissen, was der andere für Lebensziele hat. Und Sie sollten sich positiv in die Ziele Ihres Partners, Ihrer Partnerin hineinversetzen können. In einer guten Beziehung besteht keiner der Partner darauf, dass der andere seine Ziele aufgibt. Sie arbeiten vielmehr als Team daran, sie zu verwirklichen.

Überlegen Sie sich konkrete Schritte, um Ihre Wünsche zu verwirklichen. Belassen Sie es nicht dabei, von Veränderungen nur zu träumen. Gehen Sie es an. Schon wenn wir nur versuchen, unsere Ziele zu erreichen, fühlen wir uns bereits zufriedener. Wir sind gelassener und entspannter – und das kommt der Partnerschaft zugute. Wir können ruhiger damit umgehen, dass der Partner, die Partnerin ganz andere Ziele hat als wir, ganz andere Dinge erreichen will als wir. Und nicht nur das: Wir können dann auch ruhiger mit den ganz anderen Eigenschaften des Partners oder

der Partnerin umgehen. Da ist er ja schon, der fünfte Übeltäter, der kritische Gedanken über den Partner ebenso auszulösen vermag wie einen handfesten Beziehungsstreit: die charakterlichen Gegensätze.

Streitgrund Nr. 5:
Der andere ist anders

Wie leicht sich das sagt: Der andere ist anders. Klar ist er das! Er sieht anders aus als wir, er hat einen anderen Beruf, einen anderen Werdegang, eine andere Haarfarbe und so weiter und so fort. Das alles ist nicht schwer zu begreifen und liegt zum Großteil deutlich sichtbar auf der Hand.

Ganz anders sieht es mit dem Charakter eines Partners aus. Dass der andere auch in Bezug auf seine charakterlichen Eigenschaften anders ist, das ist ausgesprochen schwer zu begreifen und liegt auch nicht deutlich sichtbar auf der Hand. Diese Wahrheit stellt uns in der Tat vor gravierende Verständnishindernisse.

Auf das Phänomen des Charakters und die Tatsache, dass ein Partner oder eine Partnerin immer auch abweichende charakterliche Eigenschaften hat, sind wir im Laufe dieses Buches bereits mehrfach gestoßen. Zum Beispiel bei den verschiedenen Streiten von Ines und Markus. Und auch bei den ewigen Problemen, die sich zum großen Teil ja aus charakterlichen Unterschieden ergeben. Bislang war allerdings vom Charakter noch nicht ausdrücklich die Rede. Das soll sich jetzt ändern, denn charakterliche Unterschiede sind ein wichtiger Grund für partnerschaftlichen Streit. Der Charakter Ihres Partners, seine Eigenheiten und Marotten – das alles ist die wichtigste Erbschaft, die Sie mit ihm machen – wichtiger, als eine materielle Erbschaft je sein kann.

Jeder Mensch ist eine eigene Welt, sagt die Psychologie. Der andere ist anders! Wie anders, das erleben Sie tagtäglich in vielen Lebensbereichen. Etwa wenn der Kollege aus der Nachbarabteilung die Zusammenarbeit mit Ihnen untergräbt, weil er lieber alleine vor sich hinpuzzeln will und die Zusammenarbeit scheut. Oder auch wenn der Hintermann im Straßenverkehr wütend hupt, weil Sie, höflich wie Sie sind, ein anderes Auto aus einer kleinen Seitenstraße vorlassen.

Überall, wo Menschen auf andere Menschen treffen, treffen wir auch auf andere Charaktere mit anderen Ansichten, Verhaltensweisen und Lebensweisen. Nirgendwo aber spüren wir das Anderssein anderer Menschen so deutlich und manchmal auch so schmerzhaft wie in einer Partnerschaft. Das liegt an der enormen Nähe in einer Beziehung, die es uns ab und zu schwer macht, mit den anderen Charaktereigenschaften eines Partners gut zurechtzukommen.

Der Partner ist besonders nah und immerzu da.

Den Kollegen aus der Nachbarabteilung können wir nach Feierabend vergessen. Mit dem Raser im Straßenverkehr teilen wir nicht Tisch und Bett. Der Partner aber ist immerzu da. Und dazu auch noch so besonders nah.

Unser Charakter bestimmt unser Leben

Seinen Charakter erwirbt der Mensch bereits in jungen Jahren, etwa zwischen dem vierten und dem sechsten Lebensjahr. Der Tiefenpsychologe Alfred Adler sprach in diesem Zusammenhang von einem Lebensstil, den der Mensch sich zulegt.

Die Transaktionsanalyse wiederum spricht vom Skript. Das Schwierige hierbei: Diese Skripte werden schon in der Kindheit verfasst und entspringen der damaligen Lebenssituation. Einmal geschrieben, werden sie später nicht mehr geändert, so sehr sich das Leben auch verändert haben mag.

So können in der Kindheit geformte Lebensstile oder einmal geschriebene Skripte unser späteres Leben bestimmen. Sie können das umso leichter, als niemand von uns seinen Lebensstil oder seine Skripte überhaupt kennt. Wir alle gehen mit dem uns eigenen Lebensstil und den uns eigenen Skripten, mit dem uns eigenen Charakter hinaus ins Leben, ohne überhaupt zu wissen, dass wir sie haben und dass sie unsere ganz persönlichen Lebensstile und Skripte sind.

Frühkindliche Skripte können unser späteres Leben bestimmen.

Instinktiv gehen wir davon aus, dass die Menschen, auf die wir stoßen, ähnlich sind wie wir. In diesem Punkt aber irren wir. Und wir irren gründlich! Jeder von uns hat seinen eigenen Lebensstil entwickelt und hat sein eigenes Skript geschrieben. Der andere ist in der Tat anders, manchmal sogar grundlegend anders! Der andere hat einen anderen Lebensstil und geht mit anderen Skripten hinaus ins bewegte Leben. Und eines nahen oder fernen Tages trifft er auf uns!

Mit charakterlichen Gegensätzen umgehen

Charakterliche Gegensätze stellen eine Partnerschaft gelegentlich auf die Probe. Für viele Paare sind sie eine wirklich harte Nuss, die es zu knacken gilt. In der ersten Phase des Kennenlernens, in der Zeit der Verliebtheit, stellen sich gegensätzliche Lebenseinstellungen, Angewohnheiten oder Ei-

Viele Paare haben große Probleme mit ihren charakterlichen Gegensätzen.

genschaften noch ganz anders dar. Manchmal werden sie schlicht ignoriert, weil sie nicht ins Bild passen. Manchmal werden sie aber auch bewundert.

Der andere ist anders – wie schön, wie interessant! Der neue Partner fährt zum Urlaub in die Berge – wie toll! Er legt die Wäsche völlig anders zusammen, als Sie es gewohnt sind, vermutlich so, wie er es aus seinem Elternhaus her kennt – wie putzig! Er ist sparsamer – wie interessant!

Jeder Partner, jede Partnerin bringt neben verbindenden Eigenschaften eine Fülle von abweichenden, ja von gegensätzlichen Einstellungen mit. Anfangs registrieren die meisten Verliebten das mit Gelassenheit oder sogar mit Bewunderung. Sie lieben den anderen, gerade weil er anders ist! Diese bewundernde Haltung verfliegt aber allzu oft mit dem Nachlassen der Verliebtheit. Was Sie an ihm zu Beginn geschätzt haben, wird jetzt zum Problem.

Schon wieder in die Berge – wie langweilig! Wie komisch er die Unterwäsche zusammenlegt – nicht so elegant wie ich es mache! Wie knauserig er ist – nicht zum Aushalten! Schnell lautet die Schlussfolgerung enttäuscht: Mein Gott, muss der andere so anders sein? Gegensätze sind eine starke Herausforderung für jede Partnerschaft. Wie wir uns ihnen gegenüber verhalten, hat einen gro-

Gegensätze sind eine gewaltige Herausforderung.

ßen Einfluss auf unsere Zufriedenheit in einer Partnerschaft. Wer oft mit dem Charakter des Partners oder der Partnerin unzufrieden ist, wer oft mit seiner Erbschaft hadert, der nährt kritische Gedanken über den anderen – und lässt damit den Streit in sein Leben.

Unsere Aufgabe in einer Partnerschaft besteht darin, das Anderssein des anderen zu begreifen und uns positiv auf ihn einzustellen. Wir müssen lernen, mit den Augen des Partners zu sehen und mit seinen Ohren zu hören, wie Alfred Adler es einmal ausdrückte. Wir dürfen mit dem charakterlichen Anderssein des Partners oder der Partnerin nicht allzu viel hadern – das verträgt die Liebe nicht. Stattdessen müssen wir unsere Erbschaft verstehen – und annehmen.

Zu sechst im Bett

Schauen wir uns einen wichtigen Aspekt der Erbschaft einmal genauer an. Mit Ihrem Partner erben Sie nicht nur bestimmte Charakterzüge, Angewohnheiten und spezielle familiäre Eigenheiten, Sie übernehmen ebenso die wichtigsten Bindungen, die ihn oder sie in der Kindheit geprägt haben. Gewöhnt an das moderne Liebesideal, verschließen wir heute gerne unsere Augen vor dieser Tatsache. Wir verhalten uns in einer Partnerschaft so, als ob zwei Menschen ganz alleine aufeinander träfen, sich verliebten und dann beschlössen, gemeinsam durchs Leben zu gehen. Bildlich dargestellt sieht so ein Paar folgendermaßen aus:

Zwei Kreise sind da zu sehen, sie schmiegen sich eng aneinander und bilden eine gemeinsame Schnittmenge. Dieses Bild ist mehr als nur trügerisch. Es ist vielmehr grundfalsch. In einer Partnerschaft entsteht ein sehr hohes Maß an Nähe. Es ist nur mit den engsten Bindungen zu vergleichen, die wir in unserer Kindheit eingegangen sind: mit der Bindung an den Vater und an die Mutter, manchmal auch mit der Bindung an andere Bezugspersonen wie Onkel, Tanten oder Großeltern, wenn die Eltern ausgefallen sind.

Diese Bindungen tragen wir später in unserem Erwachsenenleben hinaus in die Welt. In jeder sehr großen Nähe greifen wir dann auf diese frühen Bindungen im Elternhaus zurück – sowohl auf die positiven als auch auf die negativen Erfahrungen. So gesehen treffen Sie auf weit mehr als nur ihn alleine, wenn Sie sich auf einen

Wir alle bringen unsere frühen Bindungserfahrungen mit in eine Beziehung.

Partner einlassen. Sie erben immer auch seine frühen Bindungserfahrungen. Das gilt natürlich für beide Partner. Auch er erbt mehr als nur Sie selbst. Auch er trifft auf Ihre Erfahrungen im Elternhaus, auf Ihre Bindungen an Vater und Mutter – mit all ihren Eigenheiten.

Dieses Konzept, sich eine Partnerschaft und ihre Lebendigkeit vorzustellen, wurde unter dem Schlagwort „Zu sechst im Bett" von der amerikanischen Therapeutin Nancy Wasserman Cocola propagiert. Bildlich dargestellt sieht das dann so aus:

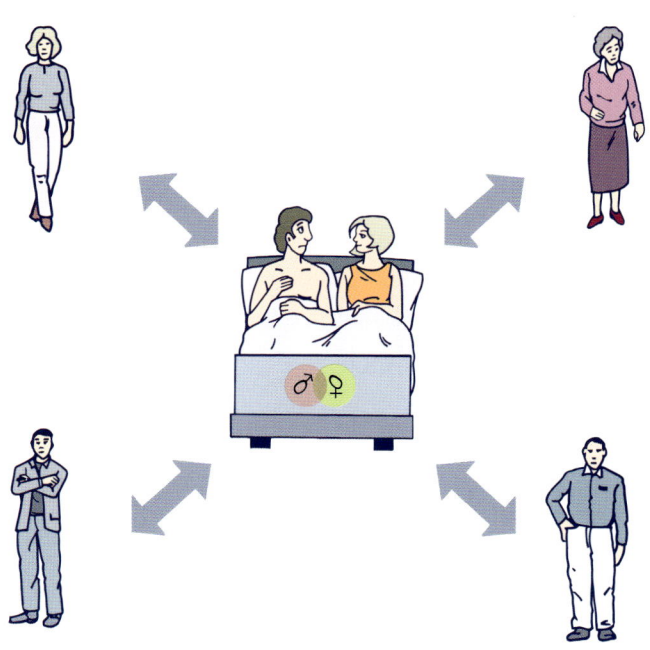

Entsprechend dem modernen Liebesideal der romantischen Liebe bilden wir uns also ein, uns in der Liebe ganz unabhängig vom Elternhaus ausschließlich als zwei Individuen zu begegnen. In Wahrheit sind aber sogar in den intimsten Momenten eines Paares – also im Bett – im übertragenen Sinne immer auch seine und ihre Eltern anwesend.

Dieses Modell vereinfacht jedoch immer noch die Wirklichkeit. Denn es kommen ja noch viele andere Menschen hinzu, die uns früher ebenfalls nahe standen, Bezugspersonen wie Geschwister, Onkel, Tanten, Großeltern. Gerade Großeltern sind manchmal ja besonders wichtige Ansprechpartner – vor allem für Kinder, die mit ihren eigenen Eltern Probleme haben. Großeltern dienen dann in vielen Fällen als sicherer Hafen, sind als aufmerksame Zuhörer da und geben Kindern den Schutz und die Geborgenheit, die sie brauchen. Und doch beeinflussen Sie in der Regel unseren späteren Lebensstil, unsere Skripte deutlich weniger.

Eine wichtige Bindungserfahrung möchte ich noch ergänzen. Denn zusätzlich zu den beiden Bindungen, die wir selbst als Kind eingegangen sind, haben wir auch die Bindung unserer Eltern aneinander verinnerlicht. Es ist zumeist die einzige Partnerschaft, die wir aus allernächster Nähe miterleben konnten. Wie aber war diese Bindung? War sie liebevoll und zugewandt? War Sie fürsorglich und von gegenseitiger Wertschätzung und Respekt geprägt? War es eine gleichberechtigte Beziehung, in der beide Partner etwas zu sagen hatten? Oder war sie von Lieblosigkeit geprägt, von Verachtung, von Mangel an Respekt und von einer bleiernen Sprachlosigkeit, bei der die Eltern kein gutes Wort mehr füreinander übrig hatten?

Einerlei, wie das Verhältnis der Eltern zueinander im Detail aussah, immer hinterlässt die elterliche Partnerschaft tiefe Spuren in unserer Seele. Sie hat sich in Ihrem Gefühlsleben eingegraben. Und sie hat Ihren Partner oder Ihre Partnerin geprägt. Bildlich dargestellt sieht unser Beziehungsmodell jetzt also so aus:

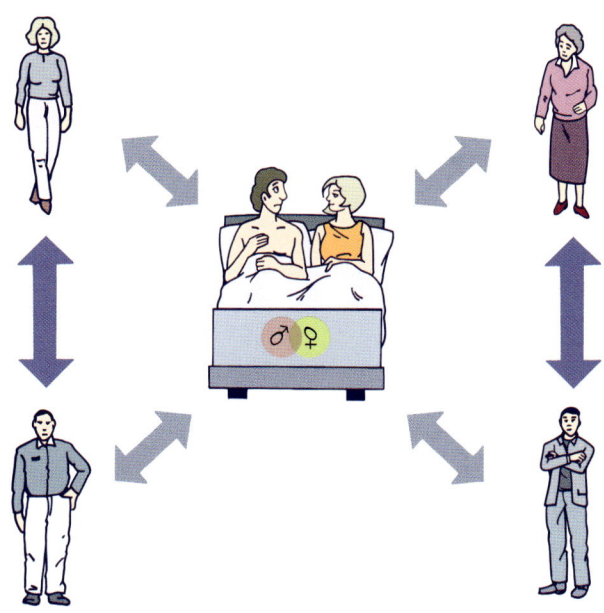

Ganz schön unübersichtlich, nicht wahr? Es sind also insgesamt drei sehr enge Bindungserfahrungen, die wir aus dem Elternhaus in die Welt hinaustragen und die ihre Wirkung entfalten, wenn wir eine Partnerschaft eingehen.

Was können Sie tun?

Der andere ist, wie er ist! Im Laufe der Jahre lernen wir ihn permanent besser kennen. Unser Bild von ihm wird schärfer, detailreicher und umfangreicher. Aber es wird nie komplett! Und immer wieder stellt sich die Frage: Können wir diesen Menschen lieben – so wie er ist? Positive Gedanken über ihn, über seine Vergangenheit, über seine Wege und Irrwege, positive Gedanken über alles, was ihn zu dem Menschen hat werden lassen, der er heute ist – die brauchen Sie, wenn Sie dauerhaft in einer glücklichen Beziehung leben wollen.

„Aber ich kann mir meinen Partner doch nicht einfach schönreden wie damals, als ich noch verliebt war und auf Wolke sieben schwebte!" Aber warum denn nicht? Kennen Sie das arabische Sprichwort „Vor der Ehe: Augen auf. In der Ehe: Augen halb geschlossen."? Ein großer Teil unseres Erfolges in der Liebe hängt davon ab, dass wir die Fehler und Schwächen des Partners, die mit der Zeit immer deutlicher werden, mit Milde und Gelassenheit anschauen. Dabei geht es nicht darum, die Wirklichkeit zu verkennen. Wir sollen nicht einen glibberigen Frosch zum Märchenprinzen verklären. Ein solch unrealistisches Bild vom Partner führt zu keiner stabilen Beziehung. Oder um es noch einmal mithilfe des arabischen Sprichwortes zu erklären: Sie sollen die Augen vor der Wirklichkeit ja nicht verschließen. Aber pflegen Sie den liebenden Blick auf Ihren Partner.

Halten Sie außerdem die Neugier auf den anderen lebendig! Lernen Sie ihn kennen. Interessieren Sie sich dafür, wie er genau der Mensch geworden ist, der er ist. Sprechen Sie immer wieder einmal darüber. Seien Sie auch neugierig, mehr über die Erbschaft zu erfahren, die in seinen Bindungserfahrungen verborgen liegt.

Hadern Sie nicht mit abweichenden Eigenschaften Ihres Partners. Machen Sie sich stattdessen klar: Viele Gegensätze in einer Partnerschaft haben einen tieferen Sinn. Diesen Sinn sollten Sie sich bewusst machen. Der andere ist nicht einfach nur anders, Sie selbst haben ihn sich ja ausgesucht. Welche Motive stecken wohl hinter dieser Wahl?

Warum wählt etwa eine sehr arbeitsame Frau, die sich selbst wenig gönnt, keinen ihr ähnlichen Partner? Keine Frage – weil sie das nicht aushalten würde. Weil sie die Enge ihres eigenen Lebensmodells deutlich spürt. Sie will keinen Partner, der genauso arbeitsam ist und sich genauso wenig gönnt wie sie. Sie will den Partner als eine Ergänzung – und wählt daher einen weniger zielstrebigen Menschen, der gern auch einmal die Füße hochlegt. Sie wählt diesen Partner, um sich mit ihm zu komplettieren, um sich durch seine ganz andere Art zu ergänzen. Diese Ergänzungs- oder Komplettierungswahl ist eine häufige Triebfeder bei der Entscheidung für einen Partner oder eine Partnerin. Und sie ist vollkommen legitim. Der Sinn dieser Wahl erfüllt sich aber nur, wenn es Ihnen gelingt, auch nach dem Ende der Verliebtheit den Partner als eine wichtige Ergänzung zu sich selbst zu sehen – und sich ein Vorbild an ihm zu nehmen.

> **Sie haben sich Ihren Partner ausgewählt, weil er anders ist.**

Auf alle Charakterzüge mit Verständnis reagieren?

Um zunächst einmal einen möglichen Irrtum auszuräumen: Mit Verständnis zu reagieren bedeutet nicht, alle Ansichten

Ihres Partners auch teilen zu müssen. Sie sollen den anderen verstehen – nicht aber Ihre eigene Position aufgeben oder den Wünschen Ihres Partners stets nachgeben zu müssen.

Mit Verständnis und Neugier auf das Anderssein des Partners zu reagieren ist ein guter Leitsatz für eine Partnerschaft. Doch diese Regel hat natürlich auch ihre Grenzen. Etwa wenn der Partner selbst durch sein Verhalten die Grundregeln der Fairness und Höflichkeit in einer Partnerschaft grob missachtet und Ihnen gegenüber mangelnden Respekt an den Tag legt.

Grobe Missachtung in der Partnerschaft hat viele Gesichter: Der Partner oder die Partnerin kann körperlich oder mit Worten gewalttätig sein oder zum Alkoholmissbrauch neigen. Er kann fremdgehen oder eine ausgesprochene Neigung zu Affekten haben, zu heftigen Gefühlsausbrüchen aus nichtigem Anlass. In all diesen Fällen kommen Sie nicht mit Verständnis und Neugier zu Ihrem Ziel.

Die genannten Verhaltensweisen sind Hinweise für einen lebensunsicheren und Ich-schwachen Partner. Das alleine ist allerdings noch nicht das ganze Problem. Jedem von uns steht es zu, Schwächen zu haben – auch Ihrem Partner oder Ihrer Partnerin. In der Regel bestreitet er oder sie aber auch seine Probleme. Der Alkoholiker leugnet den übermäßigen Alkoholgenuss. Der Choleriker ist fest davon überzeugt, mit seinen Wutanfällen im Recht zu sein, und für sprachliche Ausfälle findet sich stets ein triftiger Grund. Von Problemeinsicht keine Spur! Sie haben es also mit einem lebensunsicheren Menschen zu tun, der sich seiner eigenen Unsicherheit und seinen Problemen nicht stellen will. Deshalb kommen Sie mit Verständnis und Neugier alleine nicht weiter.

Setzen Sie in Fällen mangelnder Fairness und Höflichkeit klare Grenzen. Sagen Sie, welche Verhaltensweisen Sie akzeptieren können und welche nicht. Ziehen Sie wenn nötig auch die Gelbe Karte, ganz so wie beim Fußball bei sportlich unfairem Verhalten. Drohen Sie damit, ihn vom Platz zu stellen, sprich: Die Beziehung zu beenden. Sorgen Sie für Unterstützung. Sprechen Sie mit Freunden über Ihre Probleme. Suchen Sie sich professionellen Rat.

Streitgrund Nr. 6: Konzentration auf Probleme

Um eine in Schieflage geratene Beziehung wieder flottzubekommen, beginnen die meisten Menschen, mit dem Partner über die aufgetauchten Schwierigkeiten zu reden. Damit konzentrieren sie sich auf die Probleme in der Beziehung. Nun möchte ich Ihnen nicht sagen, es sei falsch, Probleme zu lösen. Wie Sie das am besten machen, davon war in diesem Buch schon mehrfach die Rede. Worum es mir geht, ist die Konzentration eines Paares auf seine Probleme und um die Schwierigkeiten, die dieses Vorgehen auslöst.

Ein Paar, das sich vorrangig mit seinen Problemen beschäftigt, starrt wie gebannt auf die Schwierigkeiten, die es miteinander hat. Gespräche drehen sich darum, was nicht klappt oder zumindest nach Überzeugung des einen von beiden nicht so ist, wie es sein sollte. Die vorherrschende schlechte Stimmung führt zu einem Nachlassen von Zärtlichkeiten und zum Schwinden von Sexualität. Das schwächt die Beziehung abermals, da mit fehlender körperlicher Zuwendung auch weniger Bindungshormone ausgeschüttet werden.

Am Ende wundern sich beide Partner darüber, dass die einstigen Gefühle füreinander sich nicht mehr einstellen mögen. Und die Partnerschaft gerät in immer schwierigeres Fahrwasser.

||| Volle Fahrt voraus!

Vergleichen wir doch die Partnerschaft mit einem Schiff. Gesetzt den Fall, dunkle Wolken kündigen schwere See an und der Kapitän will mit seinem Schiff, so schnell es geht, in den nächsten Hafen. Und aufgrund der Eile und der direkten Route läuft sein Schiff auf felsige Klippen. Was tun? Umdrehen? Es auf einem anderen Weg versuchen? Oder noch einmal in die gleiche Richtung? Der Kapitän entscheidet sich, wie die allermeisten Paare, für folgendes Vorgehen: Er versucht es einfach noch einmal, diesmal aber mit höherem Tempo. Er setzt zunächst zurück und gibt dann den Befehl: „Volle Fahrt voraus!" Und nun fährt das Schiff mit noch größerer Wucht auf die unter Wasser liegenden Felsen. Das Ergebnis ist eine Katastrophe. Statt einiger Schrammen, wie beim ersten Mal, erleidet das Schiff jetzt größeren Schaden. Der Schiffsrumpf reißt auf, Wasser dringt in den Maschinenraum ein. Das Schiff liegt manövrierunfähig fest. Und die dunklen Wolken stehen drohend über dem Schiff – der Orkan bricht los.

So ähnlich geht es eben auch in einer Partnerschaft. Die schlechte Stimmung in der Beziehung verleitet viele Paare dazu, sich auf einen ganz bestimmten Weg zu begeben: Sie wollen ihre Probleme lösen – und zwar so schnell wie möglich. Darauf richten sie ihre ganze Energie. Misslingt das Vorhaben, vergrößern sie ihre Anstrengungen – und scheitern gerade deshalb. „Volle Kraft voraus!", das ist auch in der Partnerschaft die falsche Lösung, wenn der Weg falsch ist.

Wer von Seefahrt etwas versteht, mag an dieser Stelle möglicherweise einwenden, dass das von mir beschriebene Gedankenspiel völlig unrealistisch ist. Um in einen Hafen einzulaufen, werden überall auf der Welt Lotsen eingesetzt, die die Gewässer sehr genau kennen und ein Schiff sicher in den Hafen führen.

Ihr Einwand ist berechtigt. Auch für Partnerschaften gibt es solche Lotsen. Die wichtigsten sind unsere Freunde. Sie erfahren in der Regel als Allererste davon, wenn dunkle Wolken unsere Partnerschaft bedrohen. Doch was passiert dann? Welchen Rat geben Freunde, wenn sie erfahren haben, dass wir Probleme miteinander haben? Sie raten dazu, diese Probleme unbedingt zu lösen. Bildlich gesprochen raten sie dazu, es mit größerer Geschwindigkeit noch einmal zu versuchen.

Andere Lotsen, wie etwa Paarberater und -therapeuten, machen es in vielen Fällen leider nicht anders. Auch sie richten ihre Aufmerksamkeit vor allem auf die Schwierigkeiten eines Paares. Das ist auch verständlich, denn die

Probleme und Schwierigkeiten, die sie miteinander haben, führen ein Paar oder auch nur einen der beiden in die Beratung. „Was können wir tun?", fragen die Betroffenen Hilfe suchend, und der Berater oder die Beraterin bemühen sich darum, eine Lösung zu finden. Auch sie kommen deshalb sehr leicht ins falsche Fahrwasser. Und das Paar scheitert.

Das Positive stärken

Wir haben schon im Kapitel „Ist Streit grundsätzlich schädlich für eine Partnerschaft?" gesehen, wie außerordentlich wichtig das Positive für eine Partnerschaft ist. Die positive Zuwendung zum anderen. Alles, was die Zusammengehörigkeit stärkt. Überwiegt das Positive das Negative bei Weitem – Sie erinnern sich, John Gottman spricht von einem Verhältnis von fünf zu eins –, dann hat der Virus der Trennung keine Chance, ganz gleich, wie oft und wie viel Paare streiten. Bekommt aber das Negative die Oberhand, ist eine Beziehung nicht mehr zu halten, egal, was Paare dann tun. Partnerschaften scheitern eben nicht an den Problemen und Schwierigkeiten, sondern daran, dass das Gute zwischen den Partnern immer weniger wird und in manchen Fällen sogar gänzlich versiegt.

Nun könnten Sie sagen, dass es doch nicht angeht, die Augen vor dem zu verschließen, was in Ihrer Beziehung nicht gut läuft, nur damit es weitergeht. Sie haben natürlich recht. Wir müssen uns in einer Partnerschaft auch den schwierigeren Seiten stellen. Wir müssen die Augen offen halten für das, was nicht stimmt. Aber wir dürfen darüber niemals vergessen, auch das Gute zu registrieren, es bewusst wahrzunehmen. Dazu sollten wir eine Tugend kultivieren, die heute ziemlich aus der Mode gekommen ist – die Dankbarkeit.

Die Kraft der Dankbarkeit

Dankbarkeit für das, was wir haben, das ist nach der Lage der psychologischen Forschung ein wichtiger Schlüssel zu einem glücklichen und zufriedenen Leben. Wer immer nur auf das schaut, was er gerade nicht bekommt, der verpasst dabei all das, was er bereits erhält. Amerikanische Wissenschaftler haben das in einem eindrücklichen Versuch nachgewiesen. Sie teilten ihre Versuchspersonen, junge Studenten, in drei Gruppen und gaben ihnen für die kommende Woche unterschiedliche Aufträge. Eine Gruppe sollte fünf Erlebnisse aufschreiben, die sie in dieser Zeit am meisten beschäftigt hatte. Eine zweite sollte fünf stressige Situationen beschreiben. Und die dritte schließlich sollte von fünf Dingen berichten, für die sie in der vergangenen Woche dankbar gewesen war.

Bevor wir uns anschauen, wie das Ergebnis der Untersuchung mit den drei Studentengruppen ausging, eine Frage an Sie: Was glauben Sie, wie wirkten sich die unterschiedlichen Fragestellungen, mit denen sie ihr Leben betrachteten, auf die Untersuchungspersonen aus? Gab es überhaupt messbare Unterschiede? Kann eine Fragestellung wie die nach stressigen Situationen oder Situationen der Dankbarkeit überhaupt das Lebensgefühl von Menschen beeinflussen?

Die Antwort lautet: Ja, sie kann. Die Wissenschaftler bemerkten nach einiger Zeit deutliche Unterschiede zwischen ihren drei Gruppen: Die Dankbaren waren insgesamt zufriedener mit ihrem Leben und blickten hoffnungsvoller in die kommende Woche. Sie litten auch unter weniger körperlichen Beschwerden und investierten deutlich mehr Zeit in Sport. Dabei waren alle drei Gruppen in derselben Lage, hatten dieselben Schwierigkeiten zu überwinden oder ärgerten sich über schlechte Noten.

Dankbarkeit macht zufriedener.

Die Dankbaren berichteten über ein größeres psychisches Wohlbefinden und zeigten mehr soziales Verhalten. Sie halfen also anderen bei deren Problemen und boten gefühlsmäßige Unterstützung an. Dankbare Menschen leiden nicht nur seltener unter depressiven Verstimmungen, sondern Dankbare verwirklichen auch mehr Lebensziele als andere Menschen.

Dankbarkeit ist ein weites Feld. Wir können anderen Menschen gegenüber Dankbarkeit empfinden, Freunden, Kollegen oder unserem Partner gegenüber. Aber auch uns selbst gegenüber. Dankbarkeit erleichtert das Leben. Dankbarkeit schützt vor Enttäuschungen und Verbitterung und nimmt den unvermeidlichen Schicksalsschlägen ihre Macht. Dankbare Menschen sind zufriedener, glücklicher und sozialer als solche, die sorgfältig alles Negative in ihrem Leben registrieren, das Positive aber übersehen.

Dankbarkeit erleichtert das Leben.

Wer Dankbarkeit nicht als Energiequelle entdeckt hat, konzentriert sich meist auf das, was er nicht hat, was ihm misslingt oder was ein anderer hat. Und das – so das Ergebnis psychologischer Studien – erschwert ihm das Leben ganz ungemein.

Übung: Kritik und Dankbarkeit

Nutzen Sie die Kraft der Dankbarkeit für Ihre Beziehung. Ich möchte Ihnen dazu gerne eine Übung vorschlagen, die sich an die genannte Untersuchung über Dankbarkeit anlehnt. Betätigen Sie sich in Ihrer Partnerschaft doch einmal eine Woche lang als Kritiker, schreiben Sie sich also jeden Tag mindestens eine Situation auf, in der Sie sich unwohl gefühlt haben. Es dürfen aber auch zwei oder drei sein. Notieren Sie außerdem am Ende der Woche, wie es Ihnen in dieser Zeit mit Ihrem Partner, mit Ihrer Partnerin ergangen ist. Legen Sie dafür eine Schulnote fest. Geben Sie sich also eine 2 – oder eine 4+, je nachdem, wie die Woche für Sie in der Partnerschaft gelaufen ist.

Anschließend kommt die Woche der Dankbarkeit. Auch in dieser Woche notieren Sie an jedem Tag zumindest ein Erlebnis, diesmal aber eine Situation, für die Sie dankbar waren. War der Spaziergang im Abendrot zusammen mit Ihrer Partnerin nicht wunderbar erholsam, viel besser als alleine? War das schöne Essen nicht eine wahre Freude? Und am Ende dieser zweiten Woche legen Sie wiederum eine Schulnote für Ihr Wohlbefinden in Ihrer Partnerschaft fest.

Manche Paare fühlen sich nur ein wenig besser, wenn Sie die dankbare Woche hinter sich haben. Ihre Stimmung in der Beziehung steigt beispielsweise von 3+ auf 2−. Na immerhin! Bei anderen Paaren fällt der Stimmungswandel noch deutlicher aus. Sprünge von 4 auf 3 oder von 3 auf 2 sind kein Seltenheit.

Dankbarkeit für das, was wir haben, das ist eine wenig gefragte Eigenschaft in unserer Zeit. Erreiche mehr, leiste dir mehr − die Einflüsterungen der Gesellschaft geben der Dankbarkeit und dem zufriedenen Sich-Zurücklehnen kaum eine Chance. Ich habe Ihnen diese Übung in Kritik und in Dankbarkeit empfohlen, damit Sie den Unterschied zwischen diesen beiden Lebenshaltungen spüren. Die negative Sicht nenne ich gerne auch den bösen Blick, der unsere Partnerschaft im Handumdrehen in ein Schlachtfeld verwandeln kann, auf dem der Streit munter wütet. Wer den bösen Blick pflegt, streitet sich weitaus häufiger als jemand, der dankbar ist für das, was er in seiner Partnerschaft bekommt.

Wer das Leben negativ sieht, streitet häufiger.

Dankbarkeit äußern

Die positive Sicht, der dankbare Blick auf das, was wir bereits haben, das sollte uns zu einer guten Gewohnheit werden, zu unserem Alltagsblick. Nutzen Sie diese Übung also auch in Zukunft. Schreiben Sie sich täglich auf, was Sie an Ihrem Partner schätzen. Nutzen Sie die Kraft der Dankbarkeit nicht nur im Stillen für sich alleine. Lassen Sie auch

Ihren Partner oder Ihre Partnerin daran teilhaben. Gehen sie dazu noch einen Schritt weiter: Denken Sie im Verlauf des Tages mehrfach an das, was Sie gestern in Ihrer Beziehung erfreut hat. Und sagen Sie Ihrer Partnerin, Ihrem Partner jeden Tag etwas, worüber Sie sich in den vergangenen Tagen gefreut haben.

Wer Dankbarkeit auch äußert, der macht die interessante Erfahrung, dass er sich nicht nur besser fühlt, sondern dass er auch noch öfter einen Grund hat, dankbar zu sein. „Ein Lob verleiht Flügel", sagt ein Sprichwort. Das gilt für ein Lob in der Partnerschaft ganz besonders. Wenn wir

Ein Lob verleiht Flügel.

den Partner, die Partnerin loben, dann bekommen wir mehr von dem, was wir gerne haben wollen. Ist das nicht eine erfreuliche Aussicht?

Nutzen Sie die Kraft der Dankbarkeit auch und vor allem, wenn es in Ihrer Partnerschaft schlecht läuft oder sogar heftig kriselt. Richten Sie Ihren Blick auch in solchen Situationen bewusst auf das Positive.

Welche Streitgründe gibt es in Ihrer Partnerschaft?

Wenn ich an Checklisten und ihre Wirkung glaubte, bekämen Sie jetzt von mir eine ganze Reihe von Fragen gestellt und würden fleißig Kreuzchen machen. Danach müssten Sie Punkte zählen und im Handumdrehen wüssten Sie ganz genau, was die wahren Hintergründe für den Beziehungsstreit in Ihrer Partnerschaft sind, welche untergründigen Themen also bei Ihnen den Streit auslösen.

Ich halte von alledem nichts. Welche Gründe bei Ihnen den Partnerschaftsknatsch verursachen, können in meinen Augen auch nur Sie selbst herausfinden. Und ein bisschen schwieriger als das Ausfüllen einer Checkliste ist es auch. Ich möchte Ihnen im Folgenden einen Weg vorschlagen, wie Sie mehr darüber herausfinden, welche der geschilderten, tiefer liegenden Ursachen für Beziehungsstreit bei Ihnen zutreffen mögen.

Die Zwölf-Wochen-Kur

Wenden Sie bitte in den kommenden Wochen auf Ihre Beziehung nacheinander alle sechs Hauptursachen für Partnerschaftsstreit an, die Sie im dritten Teil dieses Buches kennengelernt haben. Nehmen Sie sich dazu Zeit. Verweilen Sie bitte bei jedem der sechs Punkte zwei Wochen lang.

Mit anderen Worten: Nehmen Sie sich bitte zwölf Wochen Zeit für Ihre Partnerschaft.

Sehen Sie die Probleme in Ihrer Beziehung als eine Art Vitaminmangel an und die in den sechs Abschnitten über die Streithintergründe vorgestellten Lösungen als Vitamine, die Sie Ihrer Beziehung zuführen können. Sie sollen auf diese Weise herausfinden, welches Vitamin oder welche Vitamine in Ihrer Partnerschaft fehlen und so den Streit zu seinem unnützen Tun einladen.

Erste und zweite Woche

In den ersten beiden Wochen bemühen Sie sich, täglich mit Ihrem Partner, mit Ihrer Partnerin über den Tag zu reden. Nehmen Sie sich mehr Zeit als sonst für diese Gespräche – und schauen Sie dann, was passiert. Reden Sie auch über andere Dinge, die Sie oder ihn beschäftigen. Viele Paare berichten davon, dass sie sich deutlich besser in ihrer Partnerschaft fühlen, wenn sie mehr Zeit im Gespräch miteinander verbringen.

Ziehen Sie am Ende der beiden Wochen Bilanz. Wie geht es Ihnen beiden jetzt? Ist die Stimmung zwischen Ihnen anders? Ist Sie verbindlicher, näher, wärmer? Gibt es ein größeres Verbundenheitsgefühl zwischen Ihnen?

Dritte und vierte Woche

In dieser Zeit konzentrieren Sie sich darauf, Kritik an Ihrer Partnerin, an Ihrem Partner zu vermeiden. Sie wissen, Sie müssen sich deshalb nicht verbiegen. Sie sollen nicht einfach schweigen. Statt „Die neue Vase gefällt mir nicht" sagen Sie einfach etwas anderes, zum Beispiel: „Ich glaube, mir würde eine andere Vase besser gefallen". Sie sagen, was Sie wollen oder denken – ersparen sich aber jede Kritik, soweit es Ihnen möglich ist. Konfliktbeladenen Themen gehen Sie in dieser Zeit ganz aus dem Weg.

Am Ende der beiden Wochen ziehen Sie wiederum Bilanz. Wie ist es Ihnen in dieser Woche zusammen ergangen? Welche Auswirkungen hatte Ihre Maßnahme auf die Stimmung in der Partnerschaft?

Fünfte und sechste Woche

Jetzt beschäftigen Sie sich vor allem mit dem Stress, der in Ihrer Partnerschaft auftritt. Achten Sie darauf, ob es gerade dann zwischen Ihnen verstärkt zu Spannungen kommt, wenn Sie beide gestresst sind. Versuchen Sie dem entgegenzutreten. Stehen Sie bewusst zueinander statt gegeneinander. Überprüfen Sie Ihre Fähigkeiten, auftretende Probleme auch zu lösen. Ziehen Sie am Ende Bilanz. Wie hat sich Ihre Beziehung angefühlt? Gab es spürbare Veränderungen?

Siebte und achte Woche

In diesen beiden Wochen konzentrieren Sie Ihre Aufmerksamkeit auf mögliche Unzufriedenheiten mit Ihrem eigenen Leben. Machen Sie die beiden Übungen aus dem Abschnitt „Unzufriedenheit mit dem eigenen Leben". Fragen Sie sich anschließend, welche Veränderungen Sie wann angehen wollen. Nehmen Sie sich zunächst nur ein Projekt vor. Wie verändern sich dadurch die Gefühle gegenüber Ihrem Partner?

Neunte und zehnte Woche

In dieser Zeit steht Ihr eigener Charakter und der Charakter Ihres Partners im Mittelpunkt Ihres Interesses. Lenken Sie Gespräche immer wieder auf Ihre jeweilige Erbschaft. Welche Bindungserfahrungen bringt Ihr Partner, welche Bindungserfahrungen bringt Ihre Partnerin in Ihre Beziehung ein? Welche steuern Sie bei?

Elfte und zwölfte Woche

Zum Abschluss Ihrer Vitaminkur geht es um das Thema Dankbarkeit. Schreiben Sie sich eine Woche lang jeden Tag ein Erlebnis auf, für das Sie Ihrem Partner dankbar waren. Beobachten Sie aufmerksam, wie sich das auf Ihr Gefühl in der Beziehung auswirkt. Wie verändert sich Ihre Stimmung gegenüber Ihrem Partner, wenn Sie sich auf positive Erlebnisse konzentrieren? Beginnen Sie in der zweiten Woche mit den positiven Bemerkungen über die Dinge, die Sie sich notiert haben. Sie wissen: Schon eine einzige positive Äußerung pro Tag reicht völlig aus.

Bilanz ziehen

Die Liebe ist eine Erfahrungswissenschaft. Nur durch Versuch und Irrtum bekommen wir im Laufe der Zeit heraus, was bei uns wirkt und was nicht. Sie haben mithilfe der sechs wichtigsten Partnerschaftsvitamine in den vergangenen Wochen neue Erfahrungen gemacht. Meinen Glückwunsch! Ich weiß, Sie werden es nicht bereuen, auf diese Weise zum Wohl Ihrer Partnerschaft beigetragen zu haben. Ziehen Sie jetzt eine abschließende Bilanz der vergangenen drei Monate. Welche Maßnahmen haben Wirkung gezeigt, welche nicht?

Vergleichen Sie bitte auch Ihre derzeitige Stimmung in der Partnerschaft mit der Zeit davor. Die allermeisten Paare fühlen sich deutlich besser miteinander. Mein Vorschlag: Dann bleiben Sie doch dabei! Verlängern Sie Ihre Vitaminkur! Sorgen Sie auch in Zukunft für eine regelmäßige Zufuhr aller lebenswichtigen Vitamine für Ihre Partnerschaft – von G wie das „gute Gespräch" bis D wie „Dankbarkeit". Ihre Partnerschaft wird es Ihnen danken.

Nachwort

Jeder Mensch ist eine eigene Welt, sagt die Psychologie. Sie kennen diesen Satz bereits. Doch er gilt nicht nur für jeden Einzelnen von uns. Er gilt ganz ähnlich auch für jede Partnerschaft. Keine Beziehung ist wie die andere. Jede Partnerschaft hat ihre einmaligen Eigenarten, ihre unverwechselbaren Seiten. Jede Beziehung hat ihre ganz eigene Art, in der sie gelebt und ausgestaltet wird. Auch jedes Paar erschafft sich mit den Jahren eine ganz eigene Welt!

Diese Einmaligkeit einer jeden Beziehung bringt es mit sich, dass kein Außenstehender Ihre Partnerschaft je besser verstehen wird, als sie selbst es können. Nur Sie wissen, wie es sich anfühlt, in Ihrer Partnerschaft zu leben. Nur Sie treffen die nötigen Entscheidungen, um für das Wohlergehen Ihrer Liebe zu sorgen. Nur Sie entscheiden auch, wenn es um den Fortbestand oder ihr Ende geht. Kein anderer kann, kein anderer darf das tun.

Diese Einmaligkeit einer jeden Beziehung hat Folgen, vor allem wenn es darum geht, welchen Nutzen Sie aus diesem Buch ziehen können. Manches, was Sie auf den hinter Ihnen liegenden Seiten gelesen haben, wird Ihnen sinnvoll, anderes möglicherweise befremdlich erscheinen. Einiges werden Sie vielleicht nur akzeptieren und auf Ihre Partnerschaft anwenden können, wenn Sie es an Ihre Gegebenheiten anpassen. Und das ist auch gut so! Nehmen Sie die Tipps und Empfehlungen in diesem Buch als eine Art Werkzeugkasten. Nur Sie wissen, welche Arbeiten gerade anstehen, und deshalb treffen Sie die Auswahl der passenden Werkzeuge.

Nicht alles, was ich in diesem Buch über die Möglichkeiten, nicht zu streiten, geschrieben habe, kann und wird auch zu Ihrer Partnerschaft passen. Probieren Sie die vorgeschlagenen Lösungsmöglichkeiten aus. Stellen Sie fest, wie hilfreich manche für Sie sind. Und verwerfen Sie andere! Prüfen Sie genau, was zu Ihnen und was zu Ihrer Partnerschaft wirklich passt. Sie sind die Expertin oder der Experte für Ihre Beziehung, und niemand sonst. Sie müssen die Verantwortung übernehmen und entscheiden, was zu tun ist. Sie müssen den Weg finden, der Sie und Ihre Liebe frisch und lebendig erhält. Sie müssen aus einer Krise herausfinden. Und Sie müssen die Verantwortung übernehmen, wenn sich herausstellt, dass Ihre Beziehung – auch bei größtem Bemühen – nicht mehr zu retten ist. Kein Freund, keine Freundin und auch kein Experte – sei er noch so erfahren – kann Ihnen die Verantwortung abnehmen, eine Entscheidung zu treffen.

Nutzen Sie also dieses Buch für Ihre Beziehung. Nutzen Sie das fundierte Wissen der Wissenschaft, nutzen Sie meine jahrelange Erfahrung in der Beratung.

Verzagen Sie nicht, wenn sich beim Lesen herausstellen sollte, dass Sie das eine oder andere in der Vergangenheit falsch gemacht haben. Die Partnerschaft ist die anspruchsvollste Lebensaufgabe eines Menschen. Wir alle machen da hin und wieder Fehler. Die meisten von uns

Partnerschaft: die anspruchsvollste Lebensaufgabe.

machen sogar recht viele Fehler auf diesem Gebiet. Doch das ist nicht wichtig. Entscheidend ist, ob wir bereit und in der Lage sind, aus unseren Fehlern auch zu lernen.

Es nützt nichts, sich auf seine Fehler zu konzentrieren oder gar ein schlechtes Gewissen zu haben. Was zählt, sind Veränderungen! Fehler sind dazu da, dass wir aus ihnen lernen. Schauen Sie also nach vorne. Freuen Sie sich darauf, in Zukunft zwar nicht alles anders, aber doch das ein oder andere besser zu machen. Und – ganz wichtig – seien sie stolz auf sich! Stolz darauf, dass Sie einen wichtigen Beitrag zum Gedeihen Ihrer Partnerschaft leisten. Stolz auch darauf, Zeit und Energie auf das wohl wichtigste Thema im menschlichen Leben verwenden zu wollen – auf die Liebe.

Ich wünsche Ihnen von Herzen, dass Ihre Bemühungen Erfolg haben. Ich wünsche Ihnen, dass Ihre Liebe gekommen ist, um zu bleiben.

Über den Autor:

Christian Thiel, Jahrgang 1961, hat Philosophie und Germanistik studiert und ist seit Jahren als freier Autor für verschiedene Zeitungen, Zeitschriften und Radiosender zu den Themen Partnerschaft und Partnersuche tätig. Von ihm erschienen sind bereits die Bücher „Suche einen für immer und ewig. Wie Sie den Partner finden, der wirklich zu Ihnen  passt" und „Was glückliche Paare richtig machen. Die wichtigsten Rezepte für eine erfüllte Partnerschaft". Christian Thiel arbeitet seit vielen Jahren als Partnerschaftsberater in freier Praxis. Er hält Vorträge und bietet auch Workshops an. Er selber ist glücklich verheiratet und lebt mit seiner Frau und seinen Kindern in Berlin.

www.die-liebe-bleibt.de

Register

Abwertung 189
Adler, Alfred 152, 214
Adrenalin 27
Affekte 222
aktiv zuhören 57
Alkoholiker 222
Alkoholmissbrauch 222
Alltagsprobleme 197
Alltagsstress 42, 194
Anderssein 210
Anerkennung 189, 190
Anforderungen
–, dringende 183
–, wichtige 183
Anpassungsprozess,
    automatischer 101
Ärger 135
Atmung 53
Aufschaukelung, schnelle
    35
Aufwärtsspirale 75
Auszeit 50

Bedürfnistausch 157
Beharrlichkeit 118, 144

besser wissen 186
Bewegung 53
Bewertungen, negative
    41
Beziehungskonto 82, 107
Bierhoff, Hans-Werner
    19
Bindungen, frühe 216
Bindungsgefühl stärken
    73
Bindungshormone 224
böser Blick 230

Charakter 210
Choleriker 222

Dampfkochtopf 18
Dankbarkeit 227
Den-Rücken-Stärken 188
Durchatmen 53

Einschränkungen 208
entscheiden 141, 149
Entscheidung,
    eigenständige 203

Entschuldigung 67
–, ehrliche 69
Ergänzungswahl 221
Erklärungen, soziologische 44
Erste-Hilfe-Maßnahme 112
externe Ursachenzuschreibung 39

faires Streiten 57
Flucht-Reaktionen 29
fremdgehen 222
Freunde 47, 54

Gedanken
–, abwertende 51
–, automatische 36
–, bewerten 35
–, negative 53
–, positive 220
Gefühlsausbrüche 222
gefühlsmäßige Unterstützung 45
Geheimrezept 115
–, glücklicher Paare 115
Gesetz 98

Gespräch 63
–, klärendes 63
–, mit Freunden 54
–, -(s)einstieg, sanfter 130
–, -(s)stil, positiver 192
–, -(s)themen, geeignete 181
–, -(s)vorbereitung, strategische 133
–, tägliches 185
–, unterbrechen 186
Gesundheit 16
gesundheitliche Folgen von Streit 16
Gleichberechtigung 16
Gleichgewicht 155
Gottman, John 84, 85, 127
gute Stimmung 53
gut zuhören 186

Hausarbeit 123
Herzschlag 26
Höflichkeit 115, 144
Hormone 26, 27, 75
Humor 171

Ich-Botschaften 57
im Recht sein 54

internale Ursachen-
zuschreibung 39

Kampf-Reaktionen 29
Komplettierungswahl 221
Kompromiss 139
Konflikt ruhen lassen 67
konkrete Vorschläge 133
Konzentration auf Probleme
223
körperliche Reaktionen 26
Krankheiten 17
Kritik 186, 189

Lebenskrise 197
Lebenssituationen,
schwierige 194
Lebensstil 212
Liebesphasen 89
Lösungen 147
Lösungsvorschläge 140

Machtkampf 108
Machtverteilung 15
Mangel an Gespräch 178
Meinungsverschiedenheit
165
menschliche Biologie 74

Midlife-Crisis 206
Missachtung 222
Missstimmungen 206
moderne Lebensform 44
modernes Liebeskonzept
46

Nachgiebigkeit 121
Nachlassen von Zärtlich-
keiten 224
Nähe 211
negative Gedanken 53
nörgeln 97

Oxytocin 75, 78, 90

Partnerabwertung 41
Partnerschaft 44
–, -(s)konto 156
–, -(s)vitamine 236
Patt 112
Physiologie 74
Probleme
–, ewige 166, 170
–, lösbare 163
–, umgehen mit 170
–, unlösbare 163
Problemlösung 200

Puls 26
–, erhöhter 59

Rat, professioneller 223
Ratschläge 190
recht haben 103, 115
Respekt 188
Rückfälle 117

Schallplattenstreit 168
Schönwetterpaare 195
Schuldfrage 83, 201
Schwierigkeiten
–, einzelne 196
–, mehrere 196
Selbstwirksamkeits-
    überzeugung 150
Sexualität 78
sich entschuldigen 67
Sicht der Dinge 66
Skript 212
Spannungsabbau 53
steinzeitliche Lebensform
    44
Stellvertreterstreit 176
Stimmung 53
–, -(s)verbesserung 70
Streitbegünstigungen 41

Streiten, faires 57
Streitgründe 178, 233
Stress 33, 194, 197
–, -hormone 75
–, -killer 75
–, -pegel 186
–, -test 198

Teambesprechung 200
Teamsitzung, berufliche
    134
Tempo reduzieren 151
Trennungsängste 73

um Hilfe bitten 139
unlösbare Probleme 163
–, entschärfen 165
Unterschiede, charakter-
    liche 210
Unterstützung 188, 199
Unzufriedenheit 204
–, schleichende 205
Ursachenzuschreibung 39
–, externale 39
–, internale 39

Veränderungswünsche
    92, 96, 98, 101, 208

Veränderungs-Wunschliste
157
Verliebtheitshormone 89
Verliebtsein 213
Versöhnung 63
Verständnis 151, 188, 189
vertagen 112
Vertrautheit 179
Vitaminkur 237
Vorwürfe vermeiden 137
Vorwurfssparschwein
138
VW-Gesetz 98

Waage der Gerechtigkeit
155
Wahrnehmungen,
unterschiedliche 35
Wallerstein, Judith 197
Wasserglastrick 50

Wasserman Cocola, Nancy
216
Wer-hat-welche-Bedürf-
nisse-Situation 105
Widerspruch 193
Wir-Gefühl 198
Wünsche, eigene 95
Wünsche formulieren 138
wünschen 115
Wünsche veranschaulichen
158
Wut 135

Zeitorganisation 184
Zorn 135
zuhören 152
zur Tagesordnung
übergehen 73
Zuwendungen 73, 192
–, positive 86, 226

Jutta D. Blume

Minenfeld Partnerschaft

Wege aus der Beziehungs-Krise

humboldt –
Psychologie & Lebensgestaltung
160 Seiten, 12,5 x 18,0 cm, Broschur
ISBN 978-3-86910-461-4
€ 9,90

- In drei Schritten aus der Beziehungs-Krise: Emotionen ordnen, den Partner verstehen, Konsequenzen ziehen
- Von einer erfahrenen Expertin für Beziehungsfragen, mit Herz und Verstand geschrieben

„Wenn es in der Beziehung mal nicht so gut läuft, hilft dieses Buch wirklich weiter. Kernstück: eine Anleitung in drei Schritten, mit der man herausfindet, was man eigentlich wirklich will – an der Beziehung festhalten und oder diese vielleicht doch besser beenden. Kleiner Krisenmanager, der Platz in jeder Handtasche findet."

LAURA

humboldt

... bringt es auf den Punkt.

Gunnar Cramer • Dag Furuholmen

Ich coache mich selbst!

Das Erfolgstraining gegen Stress, Angst und andere Belastungen

Der Ratgeber für ein selbstbewussteres Leben

2., aktualisierte Auflage

humboldt –
Psychologie & Lebensgestaltung
248 Seiten, 12,5 x 18,0 cm, Broschur
ISBN 978-3-86910-477-5
€ 9,95

- Der Bestseller aus Norwegen in deutscher Sprache
- Erfolgreiche Übungen für die mentale Fitness

„Fühlen Sie sich auch oft gestresst, ausgepowert, von allen missverstanden, trauen Sie sich nichts mehr zu und fühlen Sie sich manchmal deprimiert? Sie möchten diese Situation ändern, wissen aber nicht wie? Werden Sie Ihr eigener Coach: Dieses Buch zeigt, wie Sie Probleme wegtrainieren. Ziel ist es, ein besseres Selbstbild zu bekommen, aktiv zu handeln und neue Fähigkeiten zu erlernen. Trainingsübungen helfen, Klarheit über die eigenen Wünsche zu bekommen."

Passauer Neue Presse